신라 천년역사 계림

신라 천년역사 계림

발행일	2025년 12월 25일
지은이	김승수
펴낸이	손형국
펴낸곳	(주)북랩

출판등록	2004. 12. 1(제2012-000051호)
주소	서울특별시 금천구 가산디지털 1로 168, 우림라이온스밸리 B동 B111호, B113~115호
홈페이지	www.book.co.kr
전화번호	(02)2026-5777	팩스	(02)3159-9637
ISBN	979-11-7224-959-5 03910 (종이책) 979-11-7224-960-1 05910 (전자책)

잘못된 책은 구입한 곳에서 교환해드립니다.
이 책은 저작권법에 따라 보호받는 저작물이므로 무단 전재와 복제를 금합니다.
본 도서는 (주)북랩이 보유한 리코 인쇄 장비 등 자체 생산 인프라를 통해 제작되었습니다.

작가 연락처 문의 ▶ ask.book.co.kr
전용 게시판에 문의를 남기시면 저자에게 직접 전달됩니다.

(주)북랩 성공출판의 파트너
북랩 홈페이지와 SNS에서 다양한 출판 솔루션을 만나 보세요!

홈페이지 book.co.kr   •   **블로그** blog.naver.com/essaybook   •   **출판문의** text@book.co.kr
카톡채널 북랩

김승수 지음

신라의 역사로 되짚는
광산김씨 선조와 후손의 천 년 이야기

신라 천년역사 계림

김알지에서 광산김씨로 이어진 천 년의 족보,
그 속에 담긴 뿌리와 자긍심의 역사를 찾아 나선
한 연구자의 깊고도 치열한 역사 탐색!

북랩

머리말

역사는 현재의 사회, 제도, 문화, 기술이 어떻게 형성되었는지 이해하는 데 필수적인 통찰력을 제공해요. 과거의 사건과 그 결과를 분석함으로써 현재 우리가 직면한 문제와 상황을 더 깊이 있게 파악하고 미래를 위한 더 나은 길을 모색할 수 있어요. 역사는 인류가 저지른 실수와 그 결과를 보여줘요. 이를 통해 과거의 오류를 반복하지 않고 더 나은 결정을 내릴 수 있는 지혜를 얻을 수 있어요.

역사는 우리 문화유산의 뿌리를 찾고 공동체의 정체성을 확립하는 데 중요한 역할을 해요. 역사적 사건의 원인과 결과를 탐구하고 다양한 해석을 비교하는 과정에서 논리적 사고력과 판단력을 향상해요. 역사는 다른 시대와 문화를 살아간 사람들의 경험과 관점을 이해할 수 있어요. 과거의 패턴과 추세를 분석함으로써 미래에 일어날 수 있는 변화를 예측하고 대비하는 데 도움을 받을 수 있어요.

신라 역사를 알아야 하는 것은 우리 민족의 역사와 문화를 이해하는 데 매우 중요해요. 신라는 약 천 년 동안 한반도 남동부를 중심으로 존속하며 찬란한 문화를 꽃피웠고, 삼국통일을 이룩하여 우리 민족의 역사에 큰 족적을 남겼어요.

신라는 7세기 중반 당나라와 연합하여 백제와 고구려를 멸망시키고 한반도 최초의 통일 국가를 건설했어요. 이는 우리 민족이 하나의 문화권으로 통합되는 중요한 계기가 되었으며, 이후 민족 문화 발전의 토대가 되었어요. 신라는 독자적인 문화를 발전시켜 불국사, 석굴암, 첨성대 등 세계적인 문화유산을 남겼어요. 특히 황금 문화는 신라의 대표적인 특징으로 화려하고 정교한 금관과 장신구는 당시 신라인들의 예술적 감각과 뛰어난 기술력을 보여줘요. 이러한 문화유산은 우리 민족의 자랑스러운 유산이며, 역사 교육을 통해 그 가치를 인식하고 보존해야 해요.

신라는 독특한 신분 제도인 골품제도를 운영했어요. 화랑도는 용맹, 정의, 충효를 숭상하며 삼국통일의 정신적 기반이 되었어요. 신라는 불교를 적극적으로 수용하고 발전시켜 독특한 불교문화를 꽃피웠어요. 불국사와 석굴암은 신라 불교문화의 정수를 보여주는 대표적인 유적이에요. 통일신라는 동아시아 해상 무역을 주도하며 국제적인 교류를 활발하게 했어요. 신라의 언어, 풍습, 예술 등은 이후 한국 문화의 중요한 원형이 되었어요. 신라 시대의 문화적 특징을 이해하는 것은 한국 문화의 뿌리를 찾는 중요한 과정이에요.

이 책은 목차에서 보시면 아시겠지만, 23대에 걸친 경주김씨 족보를 근거로 하여 작성하였어요. 그 23명 중에는 왕도 여러 명이 등장해요. 마치 행운과도 같이 우연한 기회에 경주김씨 족보를 얻게 된

저는 그 족보를 기초로 하여 이 책을 작성하게 되었어요.

  역사를 기록하고 정체성을 확립하기 위해서 글을 썼어요. '나는 누구인가?'와 '우리는 어디에서 왔는가?'라는 질문에서 이 글을 쓰게 되었어요. 조상들의 삶을 기록한 글은 단순한 역사를 넘어 가족 구성원들이 서로의 뿌리를 이해하고, 공동의 기억을 공유하며, 후손에게 자신들이 어떤 역사와 전통을 가진 가족의 일원인지 알려줘요.

  이러한 신라의 역사 이야기를 우리의 자손들과 후손들에게 들려주고, 물려주고 싶은 작은 바람에서 힘을 모아 글을 쓰게 되었어요.

2025년 12월 25일 田山 김승수

| 머리말 | 5 |

- 01 김알지 金閼智 — 10
- 02 김세한 金勢漢 — 30
- 03 김아도 金阿道 — 37
- 04 김수유 金首留 — 42
- 05 김욱보 金郁甫 — 47
- 06 김구도 金仇道 — 55
- 07 김말구 金末仇 — 67
- 08 내물왕 奈勿王 — 77
- 09 김복호 金卜好 — 83
- 10 김습보 金習寶 — 91
- 11 지증왕 智證王 — 95

- ⑫ 김진종 金眞宗 — 101
- ⑬ 김흠운 金欽運 — 105
- ⑭ 김마차 金摩次 — 110
- ⑮ 김법선 金法宣 — 114
- ⑯ 김의관 金義寬 — 119
- ⑰ 김위문 金魏文 — 124
- ⑱ 김효양 金孝讓 — 133
- ⑲ 원성왕 元聖王 — 142
- ⑳ 김예영 金禮英 — 155
- ㉑ 김균정 金均貞 — 161
- ㉒ 신무왕 神武王 — 168
- ㉓ 김흥광 金興光 — 175

- **부록** 김흥광 후손 — 198

01 김알지 金閼智

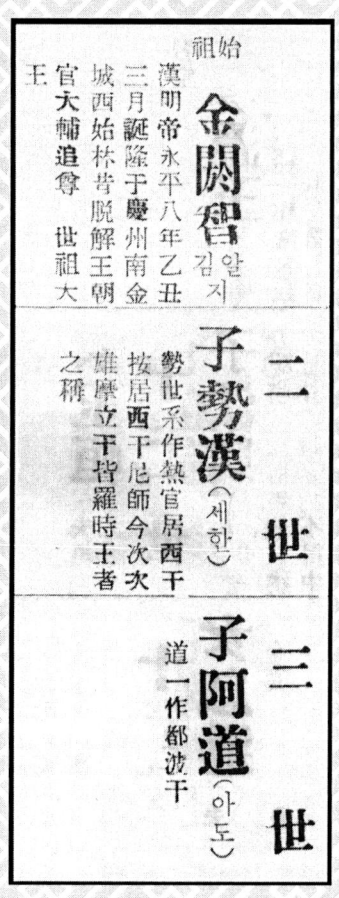

출처:경주김씨족보

김알지(金閼智)는 신라(新羅) 경주김씨(慶州金氏)의 시조(始祖)예요. 서기 65년 탈해이사금(脫解尼師今) 9년에 훗날 계림(鷄林)이 되는 금성(金城) 서쪽 시림(始林)에서 호공(瓠公)이 밤에 흰 닭 울음소리를 듣고 찾아가니 나뭇가지에 걸려 있는 황금빛이 나는 금궤(金櫃)가 발견되어, 탈해이사금이 직접 가서 궤짝을 열어보니, 그 안에 어린 사내아이가 누워 있다가 일어났어요. 아이의 자태와 모습이 뛰어나고 훌륭하여, 왕은 하늘이 자신에게 내려준 아들이라 기뻐하며 거두어 길렀어요. 그래서 탈해이사금의 왕자(王子)로 자라게 되었어요.

아이가 성장하여 총명하고 지략이 뛰어나자, 이름을 '알지(閼智)'라고 지었어요. 알지는 당시 신라 말로 '아이' 또는 '아기'를 뜻한다고 해요. 또한 금궤에서 나왔으므로 성을 김(金) 씨로 삼았어요, 아이가 발견된 시림은 이후 닭이 울고 금궤가 발견된 곳이라 하여 계림으로 고쳐 불렀고, 한때 신라의 국호(國號)로도 사용되었어요.

김알지(金閼智)는 탈해이사금(脫解尼師今)에 의해 태자(太子)로 책봉되었지만, 스스로 왕위에 오르지 않고 파사이사금(婆娑尼師今)에게 양보하고 대보(大輔)라는 재상의 벼슬에 올라 나라를 보좌했어요. 이 때문에 대보공(大輔公)이라고도 불렸어요. 실제로 김알지의 후손인 경주김씨 최초로 왕위에 오른 인물은 김알지의 7대손인 신라 제13대 미추이사금(味鄒尼師今)이에요. 신라 제17대 내물마립간(奈勿麻

立干) 시기 이후로는 김(金)씨 왕위 세습이 확고해지면서 신라는 경주 김씨 왕조로 알려지게 되어요. 신라의 김씨 왕은 김알지로부터 시작이 되어요.

김알지는 경주김씨뿐만 아니라 광산김씨(光山金氏), 의성김씨(義城金氏), 강릉김씨(江陵金氏), 연안김씨(延安金氏) 등 오늘날 수많은 경주(慶州)계 김씨 성씨의 시조(始祖)로 추앙받고 있어요. 김알지는 신라의 김씨 왕조의 신성성과 정통성을 부여하는 상징적인 인물이며, 신라의 삼국통일(三國統一)에 이바지한 김씨 왕조의 뿌리를 신화적으로 표현하는 데 중요한 역할을 해요. 김알지는 후에 세조대왕(世祖大王)으로 추존(追尊) 되었어요.

신라는 기원전 57년부터 935년까지 992년 동안 총 56명의 왕을 배출했어요. 왕위는 크게 박(朴)씨, 석(昔)씨, 김(金)씨 세 성씨가 번갈아 계승했는데, 각각의 성씨별 왕의 수는 다음과 같아요. 박씨(朴氏)는 10명, 석씨(昔氏)는 8명, 김씨(金氏)는 38명이에요. 신라의 왕위 계승은 시기별로 특정 성씨가 주도하는 특징을 보여요. 초기 1대부터 8대 240년간은 제4대 탈해이사금(脫解尼師今)을 제외하고 모두 박씨 왕이었어요. 중기 9대부터 16대 172년간은 제13대 미추이사금(味鄒尼師今)을 제외하고 모두 석씨 왕이었어요. 중고기와 전성기 17대부터 52대 556년간은 모든 왕이 김알지(金閼智)의 후손인 김씨였어요. 이 시기는 신라의 전성기를 포함하며, 신라 역사에서 가장 긴 기간 동안 김씨 왕조가 이어졌음을 보여줘요. 말기 53대부터 55대 15년간 다시 박씨 왕이 즉위했어요. 마지막인 신라 제56대 왕 경순왕(敬順王)은 김씨 왕이었어요.

박혁거세거서간(朴赫居世居西干)은 신라(新羅)의 제1대 왕으로 기원전 57년부터 서기 4년까지 61년의 긴 세월 동안 재위했어요. 그의 본명은 박혁거세(朴赫居世)이며, 박불구내(朴弗矩內)로도 불렸어요. 기원전 69년에 태어났다고 전해지는 그는 오늘날의 경주(慶州) 지역인 서라벌(徐羅伐)에 신라를 건국한 시조(始祖)이자, 모든 박(朴)씨의 조상이 되어요. 그의 왕호인 거서간(居西干)은 당시 왕이나 귀인을 지칭하던 말이에요. 그의 왕비는 알영부인(閼英夫人)이며, 신라 제2대 왕이 되는 아들 남해차차웅(南解次次雄)과 딸 아로공주(阿老公主) 등의 자녀가 있어요.

기원전 69년, 진한(辰韓)에 속해 있던 여섯 개의 마을, 즉 알천 양산촌(閼川 楊山村), 돌산 고허촌(突山 高墟村), 무산 대수촌(茂山 大樹村), 취산 진지촌(觜山 珍支村), 금산 가리촌(金山 加利村), 명활산 고야촌(明活山 高耶村)의 촌장들이 알천(閼川)에 모여 덕망 있는 왕을 추대하고 국가를 건립할 방안을 논의하고 있었어요. 이때 양산(楊山) 기슭의 나정(蘿井)이라는 우물가에 번개 같은 이상한 기운이 감돌았고, 그 아래에 흰말 한 마리가 꿇어앉아 울고 있었어요. 촌장들이 다가가자, 흰말은 하늘로 사라지고, 그 자리에는 커다란 알 하나만 남았어요. 촌장들이 알을 깨뜨리자, 그 안에서 용모가 단정하고 수려한 사내아이가 나왔어요. 그를 동천(東泉)에서 목욕시키자 몸에서 찬란한 빛이 발산되었고, 천지(天地)가 진동하며 새와 짐승들이 춤을 추고 해와 달이 더욱 밝게 빛났다고 해요.

알의 형태가 박과 비슷했기에 박(朴)을 성으로 삼았고, '빛으로 세상을 다스린다'라는 뜻을 담아 이름을 혁거세(赫居世)라고 지었어요. 혁거세는 '밝은 세상'이나 '붉은 해'를 의미하는 불구내(弗矩內)와도 같은 뜻으로 해석되어요. 이러한 신성한 출생으로 인해 박혁거세는 하늘이 내린 인물로 추앙받았고, 여섯마을 촌장들의 추대로 왕위에 올랐어요. 그가 처음에 자신을 칭했던 "알지거서간(閼智居西干)"은 '어린아이 왕'이라는 의미였으며, 이를 바탕으로 그의 왕호가 거서간(居西干)으로 정해졌어요.

박혁거세의 짝으로 여겨지는 알영(閼英) 또한 기이하게 태어났어요. 알영정(閼英井)이라는 우물가에 닭의 머리와 용의 몸을 가진 계룡(鷄龍)이 나타나 몸을 뒤틀자, 그 옆구리에서 여자아이가 탄생했어요. 계룡은 아이를 낳고는 하늘로 승천했는데, 이 아이의 입술에는 닭의 부리가 붙어 있었어요. 사람들이 아이를 북천(北川)에서 목욕시키자 부리가 떨어져 나가고 아름다운 용모를 갖추게 되었어요. 그녀는 태어난 우물의 이름을 따 알영(閼英)이라 명명되었어요.

사람들은 이 두 기이한 탄생을 하늘이 박혁거세의 짝을 내려준 것으로 믿었고, 기원전 53년에 박혁거세거서간과 알영은 혼인하여 신라의 왕비가 되었어요.

고허촌(高墟村) 촌장 소벌공(蘇伐公)의 보살핌 속에서 성장한 박혁거세는 10여 세에 이미 용감하고 씩씩하며 지혜롭고 몸가짐이 단정했어요. 이에 13세가 되던 기원전 57년, 그는 여섯 부(部)의 촌장들에게 추대되어 왕위에 즉위했어요. 그는 진한의 여섯 마을 세력을 통합하여 훗날 신라의 전신인 사로국(斯盧國)을 건국하고 국가의 기반을 확고히 다졌어요. 건국 초기 국명은 서라벌(徐羅伐), 서벌(徐伐), 사라(斯羅), 사로(斯盧) 등으로 불렸으며, 이는 시간이 지나며 신라(新羅)로 확정되어요.

기원전 41년, 박혁거세는 왕비 알영과 함께 여섯 부를 순행(巡幸)

하며 백성들을 위로하고 농사(農事)와 누에치기인 양잠(養蠶)을 장려하여 경제 발전을 도모했어요. 기원전 37년에는 수도 서라벌에 금성(金城)을 축조했고, 기원전 32년에는 그 안에 궁궐을 건설하는 등 국가 체제 정비와 왕권 강화에 주력했어요.

박혁거세거서간과 알영부인은 덕치(德治)로 나라를 다스려 백성들의 깊은 존경을 받았어요. 이러한 어진 통치 덕분에 백성들은 다툼이 없고 도적이 없는 태평성대(太平聖代)를 이루었다고 전해져요.

기원전 50년, 왜(倭)가 신라를 침략하려 했으나, 박혁거세거서간이 하늘이 내린 성인이라는 소문을 듣고 싸우지 않고 스스로 물러갔어요.

기원전 28년, 낙랑(樂浪)이 신라를 공격하러 왔을 때, 백성들이 문을 잠그지 않고 지내며 들판에 볏가리가 쌓여 있음에도 서로 도적질하지 않는 도의(道義)적인 모습을 보고 감탄하여 스스로 군대를 거두었다고 해요.

박혁거세거서간은 외교적 위협 속에서도 흔들림 없이 내치에 집중하며 국가의 기초를 굳건히 했어요. 박혁거세거서간 재위 시기, 신라의 국력은 이미 마한(馬韓)과 대등하거나 우위에 있었어요. 기원전 20년, 신라 사신 호공(瓠公)이 마한을 방문하자, 마한왕(馬韓王)은 "최근 신라가 조공(朝貢)을 보내지 않는구나"라며 질책했어요. 이에 호공은 "우리 신라에는 두 성인(聖人, 박혁거세와 알영부인)이 나타나 나라를 세웠고, 인재가 넘치며 사회가 안정되고 창고가 가득 찼습니다. 심지어 변한(弁韓)과 낙랑(樂浪), 왜(倭)조차도 우리를 두려워하며 예의를 갖추고 찾아옵니다. 그런데도 왕께서 위협하는 것은 무슨 까닭입니까?"라고 당당하게 반박했어요. 격분한 마한왕이 호공을 죽이려

했으나, 신하들의 만류로 결국 호공은 무사히 귀국했어요.

기원전 19년 마한왕이 세상을 떠나자, 신라 신하들은 마한을 공격할 것을 주장했어요. 그러나 박혁거세거서간은 "다른 사람의 불행을 이용하여서는 안 된다"라며 공격을 반대하고 오히려 사신을 보내 조문(弔問)을 표했어요. 이러한 외교적 태도는 신라가 더 이상 마한에 종속되지 않는 독립적이고 우월한 국력을 보유했음을 나타내요.

재위 중 주변 소국들의 복속과 외교 관계도 활발했어요. 기원전 39년에는 변한(弁韓)의 일부 세력이 신라에 항복했으며, 기원전 5년에는 동옥저(東沃沮)가 외교 관계 수립을 요청해 왔어요.

어진 지혜로 나라를 다스렸던 박혁거세거서간과 알영부인은 노년기에 접어들었어요. 서기 3년에는 수도 금성의 우물가에 용 두 마리가 나타나는 기이한 현상이 기록되었어요. 그리고 나라를 다스린 지 61년째인 서기 4년, 박혁거세거서간은 하늘로 승천했어요. 7일 후 그의 시신은 다섯 조각으로 나뉘어 땅에 떨어졌고, 왕비 알영부인 또한 같은 시기에 승하(昇遐)했어요.

백성들은 흩어진 박혁거세거서간의 다섯 시신 조각과 알영부인의 시신을 함께 합장하려 했으나, 큰 뱀이 나타나 이를 막았어요. 결국 사람들은 시신들을 합장하지 못하고 다섯 개의 무덤에 나누어 매장해야 했어요. 이 무덤들은 현재 오릉(五陵)이라 불리며, 뱀이 방해했다는 일화 때문에 사릉(蛇陵)이라고도 불려요.

박혁거세거서간의 뒤를 이어 아들 박남해(朴南解)가 신라 제2대 남해차차웅(南解次次雄)으로 즉위했어요. 6년, 남해차차웅은 아버지 박혁거세거서간의 사당(祠堂)을 건립하고, 누이 아로공주(阿老公主)에게 사계절마다 제사를 주관하게 했어요. 이는 건국시조(建國始祖)에 대한 숭배를 통해 왕실의 정통성을 확고히 하려는 의도였어요.

박혁거세거서간의 난생(卵生) 신화는 고대 건국 신화의 중요한 특징으로, 시조의 비범함과 신성한 권위를 상징해요. 그의 일생은 혈통 중심의 여러 소국이 연합하여 하나의 강력한 국가를 형성하는 과정을 은유적으로 보여줘요. 신라 천 년 역사의 시작을 알린 왕이자 모든 박씨의 시조인 박혁거세(朴赫居世)의 이름은 오늘날까지도 기억되고 있어요.

남해차차웅(南解次次雄)은 신라(新羅)의 제2대 왕으로 4년부터 24년까지 20년간 재위했어요. 박남해(朴南解)가 본명인 그는 건국시조 박혁거세거서간(朴赫居世居西干)과 알영부인(閼英夫人) 사이에서 태어난 아들이에요. 그의 치세는 신라 초기 국가의 정치 체제가 확립되고 왕권이 공고화되는 중요한 과도기였어요.

남해차차웅은 신라 왕호 중 유일하게 '차차웅(次次雄)'이라는 칭호를 사용했어요. '자충(慈充)'이라고도 불린 이 호칭은 '무당' 또는 '존경받는 어른'을 뜻하는 말로, 단순히 정치적 지배자 이상의 종교적 권위를 지닌 제사장적(祭司長的) 통치자의 성격을 잘 보여줘요. 이는 하늘에 제사를 올리고 백성을 통솔하는 최고 지도자로서의 위상을 강조한 명칭이며, 족장(族長)의 권위가 점차 세속적인 왕권으로 이행하던 신라 초기 사회의 모습을 반영해요.

남해차차웅은 아버지 박혁거세거서간의 승하(昇遐)에 따라 왕위에 올랐는데, 이는 신라 왕위의 세습 전통이 본격적으로 자리 잡기 시작했음을 의미해요. 남해차차웅의 왕비는 운제부인(雲帝夫人)으로 알려져 있으며, 그의 아들 박유리(朴儒理)는 신라 제3대 유리이사금

(儒理尼師今)으로 왕위를 이었어요. 또한, 딸 아효부인(阿孝夫人)과 여동생 박아로(朴阿老)가 있어요.

늠름한 체구와 더불어 깊고 후덕한 성품 그리고 탁월한 지략을 겸비했던 남해차차웅은 서기 4년에 왕위를 계승했어요. 그의 통치기는 제사장적 지배자에서 실질적인 세속 군주로 왕권이 전환되는 결정적인 과도기였으며, 박(朴)씨 가문의 왕위 계승을 위한 견고한 기틀을 놓았어요.

그가 사용한 '차차웅(次次雄)'이라는 왕호는 이후 이사금(尼師今), 마립간(麻立干), 왕(王)으로 바뀌어 가면서, 신라 왕권이 점차 신성적 권위에서 세속적 권력으로 발전하는 과정을 명확히 보여줘요.

즉위 2년째인 6년에 그는 아버지 박혁거세거서간의 묘(廟)를 건립하고, 여동생 아로공주(阿老公主)에게 사계절 제사를 주관하도록 명했어요. 이는 건국시조에 대한 존경을 표하는 동시에 왕실의 권위를 확립하는 행위였어요.

8년에는 뛰어난 재능과 지혜를 지닌 석탈해(昔脫解)를 알아보고, 자신의 딸 박아효(朴阿孝)와 혼인시켜 사위이자 부마(駙馬)로 삼았어요. 2년 뒤인 10년에는 그를 대보(大輔)라는 중요한 관직에 임명하여 국정과 군사 업무를 총괄하게 했어요. 이 조치는 훗날 석탈해가 신라 제4대 탈해이사금(脫解尼師今)으로 등극하는 결정적인 발판이 되었어요. 남해차차웅은 이러한 현명한 인재 등용을 통해 신라 건국의 기반을 더욱 공고히 했어요.

남해차차웅의 재위 기간 신라는 잦은 외침에 직면했어요. 이러한 위기 상황에서 그는 겸손하고 현명한 통치로 백성들의 신뢰를 얻었어요.

즉위 첫해인 4년, 낙랑(樂浪) 군사들이 신라의 수도 금성(金城)을 포위했어요. 남해차차웅은 이 혼란 속에서 백성을 안정시키는 데 주력했고, 낙랑군은 갑작스럽게 퇴각했어요. 그는 이때 "박혁거세와 알영 두 성인께서 세상을 떠나신 뒤, 내가 덕이 없어 백성의 추대로 왕위에 올랐기에 이웃 나라가 침범하는구나"라고 스스로 낮추는 모습을 보였어요.

14년에는 왜인(倭人)이 병선 100척을 이끌고 해안가를 침범하여 민가에서 약탈을 자행했어요. 이에 남해차차웅은 신라의 6부 정병(精兵)을 총동원하여 왜군을 성공적으로 격퇴했어요.

왜인과의 전투로 혼란이 가중된 틈을 타 낙랑이 다시 금성을 공격했으나, 이때 하늘에서 유성(流星)이 떨어지는 기이한 현상이 발생하자 낙랑군은 크게 겁을 먹고 스스로 물러났어요. 이처럼 그는 끊임없는 외부 위협 속에서도 지혜롭게 국정을 운영하며 신라를 지켜냈어요.

남해차차웅의 치세에는 자연재해와 기근이 빈번하여 당시 신라 사회의 어려움을 여실히 보여줘요. 이러한 재난 시기에 왕의 백성 구제 역할이 더욱 중요하게 부각 되었어요. 14년에는 봄부터 여름까지 극심한 가뭄이 이어졌고, 15년에는 큰 기근이 발생하여 백성들이 굶주렸어요. 18년에도 금성 지역에 가뭄과 함께 메뚜기 떼가 창궐하여 농작물에 막대한 피해를 끼쳤어요. 이에 남해차차웅은 왕실의 창고를 개방하여 곡식을 나누어주는 진휼(賑恤) 정책을 시행함으로써 백성들의 삶을 구제하는 책임을 다했어요.

19년, 북명(北溟) 지역에서 한 백성이 밭을 갈다가 예국왕(濊國王)의 인장(印章)을 발견해 바치는 일이 기록되었는데, 이는 당시 주변국과의 교류 상황을 보여주는 흥미로운 사실이에요. 22년에는 전염병이 돌아 많은 희생자가 발생했으며, 같은 해 11월에는 물이 얼지 않는 이상기후가 관측되기도 했어요.

남해차차웅은 정치적 혼란, 전쟁, 그리고 자연재해로 점철된 치세 끝에 24년에 승하(昇遐)했으며, 시신은 사릉원(蛇陵園)에 묻혔어요. 그는 승하하기 전, 아들 박유리(朴儒理)와 사위 석탈해(昔脫解)에게 독특한 유언을 남겼어요. 그는 "아들이든 사위든 관계없이 나이가 많고 지혜로운 사람이 왕위를 이어야 한다"라고 밝혔어요. 이에 박유리는 왕위를 석탈해에게 양보하려 하였으나, 석탈해는 "현명한 사람은 이가 많다"라고 답하며 떡을 깨물어 박유리의 치아(齒牙)가 더 많은 것을 확인했어요. 그 결과 박유리가 더 현명하다는 것을 인정하고, 박유리가 신라 제3대 유리이사금(儒理尼師今)으로 즉위하게 되었어요.

이 일화는 신라 초기 왕위 계승이 단순 혈연뿐 아니라 지혜(智慧)와 덕망(德望)을 중시하는 독특한 방식을 거쳤음을 보여주는 중요한 역사적 기록이에요. 남해차차웅의 통치는 신라가 제정일치(祭政一致)의 초기 사회에서 세속적 군주 권력으로 이행하는 발전적 과도기를 이끌었고, 뛰어난 인재 석탈해를 중용함으로써 신라 국가 발전의 기반을 확고히 다졌다는 점에서 중요한 의미를 지녀요.

유리이사금(儒理尼師今)은 신라(新羅)의 제3대 왕으로 24년부터 57년까지 33년간 재위했어요. 본명은 박유리(朴儒理)이며, 박노례(朴弩禮), 박치리(朴治理), 박치리(朴齒理), 또는 박치리적(朴治理赤) 등으로도 불렸어요. 그는 신라 제2대 남해차차웅(南解次次雄)과 운제부인(雲帝夫人) 사이에서 태어난 태자(太子)예요.

유리이사금의 즉위 과정은 신라 초기의 독특한 왕위 계승 방식을 보여줘요. 선왕인 남해차차웅은 승하하기 전, 아들인 박유리와 사위 석탈해(昔脫解) 중 나이가 많고 지혜로운 사람에게 왕위를 물려주라는 유언을 남겼어요.

왕위를 결정하기 위해 두 사람은 시험을 치렀어요. 박유리가 석탈해에게 왕위를 양보하려 하자, 석탈해는 "지혜로운 사람은 이빨이 많다"라는 속설을 인용하며, 떡을 깨물어 그 자국을 세어보는 시험을 제안했어요. 그 결과 박유리의 잇자국이 더 많아 그가 지혜로운 것으로 인정받아 24년에 신라 제3대 유리이사금(儒理尼師今)으로 즉위했어요.

이 일화에 따라, 유리이사금은 신라 왕호 중 '이사금(尼師今)'을 처음으로 사용한 왕으로 알려져 있어요. 이 칭호는 '잇자국' 또는 '잇금(齒金)'을 뜻하는 방언에서 유래했으며, '이질금(伊叱今)'이라고도 불렸어요. 이는 신라 초기 왕위가 혈연뿐 아니라 덕망(德望)과 지혜(智慧)에 의해 결정되었음을 상징적으로 보여줘요.

그의 왕비는 일지갈문왕(逸智葛文王)의 딸 박(朴)씨였으며, 두 아들 박일성(朴逸聖) 일성이사금(逸聖尼師今)과 박파사(朴婆娑) 파사이사금(婆娑尼師今)을 두었어요. 또한, 여동생 아효부인(阿孝夫人)은 훗날 신라 제4대 왕이 되는 석탈해 탈해이사금(脫解尼師今)과 혼인했어요.

왕비의 아버지인 일지갈문왕은 공식적인 국왕(國王)은 아니지만, '갈문왕(葛文王)'이라는 특별한 존칭을 사용했어요. 이는 신라 고대 사회에서 왕의 부친, 형제, 또는 공신 등 왕족 중 특정 인물에게 부여된 명예로운 칭호로, 실권은 없어도 상당한 정치적 영향력을 행사했음을 보여주는 신라 귀족 사회의 복잡한 역학 관계를 반영해요.

유리이사금은 백성을 사랑하고 자신의 부족함을 먼저 살피는 덕(德)과 자애(慈愛)를 갖춘 군주였어요. 28년, 전국을 순시(巡視)하던 중 굶주림과 추위에 떠는 노파를 발견한 유리이사금은 백성을 돌보지 못한 것을 자신의 책임이라며 깊이 자책했어요. 그는 즉시 자기 옷을 벗어 노파에게 입히고 따뜻한 음식을 대접했어요. 또한 관리들에게 명하여 홀아비, 과부, 고아, 자식 없는 노인 등 사회적 약자를 부양하도록 했어요.

그의 어진 정치는 널리 퍼져 이웃 나라의 백성들까지 신라로 이주하게 만들었어요. 백성의 삶이 풍요로워지자 이를 기리기 위해 '도솔가(兜率歌)'라는 노래가 지어졌다고 전해지며, 이는 비록 오늘날까지 전해지지 않으나 유리이사금의 인덕(仁德)을 잘 보여주는 기록이에요.

왕위에 오른 이듬해인 25년에 시조묘(始祖廟)에 제사를 지내고 죄수들을 사면하는 등의 활동을 펼쳐 초기 왕권의 안정과 민심 확보를 위해 노력했어요.

유리이사금은 신라의 행정 체제를 혁신하고 중앙집권 국가의 기틀을 다지는 데 결정적인 역할을 했어요. 32년에, 그는 신라를 부족연맹체에서 벗어나 왕권 중심의 왕국 체제로 발전시키기 위해 기존의 6부(六部) 명칭을 재편하고, 성씨(姓氏)를 하사했어요. 이는 신라의 주요 성씨가 자리 잡는 계기가 되었어요. 양산부를 양부(梁部)로 개칭하고 이(李)씨를 하사했어요. 고허부를 사량부(沙梁部)로 개칭하고 최(崔)씨를 하사했어요. 대수부를 점량부(漸梁部) 또는 모량(牟梁)으로 개칭하고 손(孫)씨를 하사했어요. 간진부를 본피부(本彼部)로 개칭하고 정(鄭)씨를 하사했어요. 가리부를 한기부(漢岐部)로 개칭하고 배(裵)씨를 하사했어요. 명활부를 습비부(習比部)로 개칭하고 설(薛)씨를 하사했어요. 이는 유리이사금의 뛰어난 통치력을 보여주는 대표적인 사례로 꼽혀요.

유리이사금은 17등급의 관등(官等) 제도를 확립하여 신분 제도인 골품제(骨品制)의 기반을 다졌어요. 이 제도에는 이벌찬(伊伐湌), 이찬(伊湌), 잡찬(迊湌), 파진찬(波珍湌), 대아찬(大阿湌), 아찬(阿湌), 일길찬(一吉湌), 사찬(沙湌), 급벌찬(級伐湌), 대나마(大奈麻), 나마(奈麻), 대사(大舍), 사지(史知), 길사(吉士), 대오(大烏), 소오(小烏), 조위(造位) 17단계가 있어요. 특히, 1등급인 이벌찬부터 5등급인 대아찬(大阿湌)까지는 진골(眞骨) 신분만이 승진할 수 있도록 제한함으로써, 신분에 따라 관직 등급을 엄격하게 구분하는 신라 계급 질서의 핵심을 마련했어요.

그는 농업을 적극적으로 장려하며 쟁기, 보습, 수레 등 농기구를 보급하여 생산성을 높였어요. 또한, 겨울철 식량 보관을 위해 얼음 저장 창고인 빙고(氷庫)를 설치하는 등 백성들의 삶을 개선하기 위한 다양한 노력을 기울였어요. 이러한 정책들은 그의 자애로운 통치 철학을 잘 보여줘요.

유리이사금은 공동체의 화합을 도모하는 문화적인 행사도 주관했어요. 그는 6부(六部)를 두 편으로 나누어 여성들이 길쌈 실력을 겨루는 시합을 열었는데, 이 행사는 오늘날 한가위의 기원이 된 '가배(嘉俳)'라는 풍습과 관련이 깊어요. 이 시합은 매년 음력 7월 16일부터 8월 15일까지 한 달 동안 진행되었으며, 왕의 두 왕녀(王女)가 각각 편을 이끌고 길쌈 실력을 겨루었어요. 시합에서 패배한 편은 승리한 편에게 술과 음식을 마련해 대접했고, 이때 승패와 관계없이 모두가 함께 춤과 노래를 즐기며 어울렸다고 해요. 이 '가배'는 풍요로운 가을을 맞는 축제의 의미를 담고 있으며, 한민족의 대표 명절인 추석(秋夕)의 기원이 되었어요.

유리이사금 재위 기간에는 자연재해와 외부 침략이 이어졌으나, 이를 극복하고 외교 관계를 새롭게 정립하는 계기도 마련되었어요. 34년에는 수도에 지진이 발생해 땅이 갈라지고 홍수가 났으며, 북방에서는 낙랑(樂浪)과의 국경 분쟁이 있었어요. 36년 가을에는 낙랑이 북쪽 변경을 침입하여 타산성(朶山城)이 함락되는 사건도 발생했어요.

그러나 이듬해인 37년, 고구려(高句麗) 대무신왕(大武神王)에 의해 낙랑(樂浪)이 멸망하자, 5천 명의 낙랑 백성이 신라로 투항해 왔고, 유리이사금은 이들을 6부(六部)에 나누어 정착시켰어요.

40년에는 화려현(華麗縣)과 불내현(不耐縣)의 군사들이 신라 북쪽을 침범했으나, 맥국(貊國) 병사들이 곡하(曲河) 서쪽에서 이들을 물리쳐주면서 신라와 맥국은 친교를 맺게 되었고, 42년에는 맥국이 사냥한 동물을 보내오는 등 우호 관계가 돈독해졌어요.

재위 후반기인 43년부터 승하할 때인 57년까지 14년간, 그의 매제(妹弟)이자 훗날 신라 제4대 왕이 되는 석탈해(昔脫解)가 대보(大輔)라는 높은 직위에서 대리청정(代理聽政)을 수행했어요. 이는 유리이사금이 석탈해의 재능과 역량을 깊이 신뢰했음을 보여줘요.

57년에 중병(重病)으로 승하(昇遐)한 유리이사금은 사릉원(蛇陵園)에 묻혔어요. 그는 죽기 직전, 자신의 두 아들보다 석탈해의 재능이 뛰어나다고 판단하여 왕위를 물려주라는 유언을 남겼고, 이에 따라 석탈해(昔脫解)가 왕위를 계승하여 신라 제4대 탈해이사금(脫解尼師今)으로 즉위했어요.

유리이사금은 33년의 오랜 치세 동안 내치(內治)에 전념하며, 초기 부족 국가를 중앙 집권 체제의 고대 국가로 나아가게 하는 과도기적으로 중요한 결정적인 기반을 마련한 군주로 평가되어요. 그의 통치는 신라의 사회 질서 확립과 국가 권위 강화에 필수적으로 이바지했어요.

탈해이사금(脫解尼師今)은 신라(新羅) 제4대 왕으로 57년부터 80년까지 23년간 재위했어요. 본명은 석탈해(昔脫解)로, 신라 석(昔)씨 왕조의 시조(始祖)예요. 그의 왕비는 신라 제2대 남해차차웅(南解次次雄)의 첫째 딸인 아효부인(阿孝夫人)이에요. 탈해이사금의 일대기는 신화적인 요소가 풍부하여 신라 초기 지배층의 특성과 사회 변동을 이해하는 데 중요한 사료를 제공해요. 특히 외부 이주 세력의 수장이 왕위에 올랐다는 그의 탄생 설화는 신라 초기 사회의 개방성과 역동성을 상징적으로 보여줘요.

석탈해는 왜국(倭國) 동북쪽 1,000리 떨어진 곳에 있다는 다파나국(多婆那國) 또는 용성국(龍城國)에서 태어났다고 전해져요. 이 나라 왕이 여국(女國)왕의 딸을 왕비로 맞이했는데, 왕비는 7년 만에 커다란 알을 낳았어요. 왕은 이를 불길하게 여겨 알을 바다에 버리라고 명령했어요. 그러나 왕비는 알을 버릴 수 없어 비단으로 감싸 보물과 함께 궤짝에 담아 바다에 띄워 보냈어요. 이 궤짝은 기원전 19년에 신라의 아진포(阿珍浦)에 이르렀으며, 한 노파가 발견하여 건져 키웠어요. 궤짝에서 알이 깨지고 아이가 나왔는데, 이때 까치가 울며 따라왔다 하여 까치 작(鵲) 자에서 새 조(鳥) 자를 뺀 '석(昔)'을 성으로 삼았어요. 또한 알을 깨고 나왔다는 뜻으로 탈해(脫解)라는 이름을 얻어 석탈해(昔脫解)로 불리게 되었어요. 이러한 탄생 설화는 석탈해가 외부에서 신라로 유입된 이주 세력의 수장이었음을 상징하며, 신라가 다양한 집단의 통합을 통해 형성되었음을 암시하는 중요한 기록이에요.

장성한 석탈해는 키가 9척에 달할 만큼 풍채가 좋았고 뛰어난 기품을 지녔으며, 지리(地理)와 지식(知識)과 지혜(智慧)가 남달랐어요. 그는 처음에는 물고기를 잡으며 양모(養母)를 봉양했으나, 양모의 권유에 따라 학문과 지리를 깊이 공부했고, 이는 훗날 신라의 왕이 되는 중요한 밑거름이 되었어요.

석탈해는 토함산(吐含山) 정상에서 내려다본 양산(楊山) 아래 초승달 모양의 땅이 명당(明堂)임을 알아보았어요. 그곳은 호공(瓠公)의 집터였어요. 석탈해는 이곳 명당을 차지하기 위해 지략을 발휘했어요. 그는 몰래 호공의 집 마당에 숯과 숫돌을 묻어두고, 호공을 찾아가 "이곳은 대대로 우리 조상들이 대장장이로 살던 곳이니, 땅을 파보면 증거가 나올 것이다"라고 주장했어요. 실제로 땅을 파보니 숯과 숫돌이 나왔고, 결국 석탈해는 이 지략으로 호공의 집터를 차지했어요. 이 집터는 훗날 신라의 중심 궁궐인 월성(月城)이 되어요.

남해차차웅(南解次次雄)은 석탈해의 현명함에 대한 소문을 듣고 8년에 자기의 첫째 딸 박아효(朴阿孝)와 혼인시켜 사위로 삼았어요. 10년에는 그를 대보(大輔)라는 고위 벼슬에 임명하여 군사와 국정 전반을 총괄하게 했어요. 이는 신라 초기 지배층이 박(朴)씨와 석(昔)씨 세력 간의 혼인 동맹을 통해 연합했음을 보여주는 중요한 정치적 사건이에요.

　남해차차웅이 승하할 때, 그는 아들 박유리(朴儒理)와 사위 석탈해 중 더 현명한 사람이 왕이 되라고 유언했어요. 이에 석탈해는 '이가 많은 사람이 현명하다'라는 시험을 제안했으며, 박유리의 이가 더 많아 유리이사금(儒理尼師今)이 신라 제3대 왕위에 올랐어요.

　이후 유리이사금은 승하하기 직전, 자기의 아들들인 박일성(朴逸聖)과 박파사(朴婆娑)보다 석탈해(昔脫解)가 더 지혜롭다며 왕위를 그에게 물려주라는 유언을 남겼어요. 이 유언에 따라 57년에 석탈해(昔脫解)가 신라 제4대 탈해이사금(脫解尼師今)으로 즉위했어요.

　탈해이사금 재위 9년째인 65년, 신라의 대신 호공(瓠公)이 시림(始林) 근처를 지나가다가 닭이 우는 소리를 들었어요. 소리가 나는 숲으로 가보니, 밝은 빛이 뿜어져 나오고 자주색 구름이 드리워진 나뭇가지에 금궤(金櫃)가 걸려 있었으며, 그 아래에는 흰 닭이 울고 있었어요. 호공의 보고를 받은 탈해이사금은 직접 시림에 가서 금궤를 열었어요. 안에는 아름다운 용모를 지닌 사내아이가 누워 있다가 벌떡 일어났어요. 왕은 아이가 금궤에서 나왔다고 하여 성을 김(金), 지혜롭다는 의미로 이름을 알지(閼智)라고 지어 김알지(金閼智)가 되었어요.

　탈해이사금은 크게 기뻐하며 김알지를 궁궐로 데려와 왕자(王子)로 양육했어요. 이 사건을 계기로, 시림은 계림(鷄林)으로 이름이 바뀌었고, 이후 신라의 국호(國號)로도 사용되었어요. 이 이야기는 신라 초기 석(昔)씨 왕조에서 김(金)씨 왕조로 지배력이 교체되는 과정을 상징적으로 보여주는 중요한 역사적 서사예요. 김알지는 훗날 신라 경주 김씨(慶州金氏)의 시조(始祖)이자 신라 김씨 왕실의 시조가 되어요.

탈해이사금의 치세는 백제(百濟)와 가야(伽倻)의 잦은 침입으로 인해 힘겨운 대외 관계가 지속되었으나, 이러한 혼란 속에서도 중앙집권(中央集權) 강화를 강력하게 추진했어요.

59년, 왜국(倭國)과는 친교를 맺었으나 백제와는 관계가 원만하지 않았어요. 64년, 백제가 와산성(蛙山城)과 구양성(狗壤城)을 공격하자, 탈해이사금은 직접 기병(騎兵) 2,000명을 이끌고 나가 백제군을 물리쳤어요. 66년에는 백제에 와산성을 빼앗겼다가 다시 찾는 공방을 벌였고, 70년에도 백제의 침입은 계속되었어요.

73년 왜(倭)의 목출도(木出島) 침입 당시 각간(角干) 우오(于烏)가 전사하는 패배를 겪었어요. 77년에는 백제의 사주를 받은 가야(伽倻)가 신라를 공격했어요. 이에 아찬(阿飡) 길문(吉門)에게 군사를 주어 황산진(黃山津) 전투에 보냈고, 신라는 가야 병사 1,000명을 섬멸하는 대승을 거두어 가야의 군사력을 크게 위축시켰어요. 길문은 이 공적으로 파진찬(波珍飡)의 벼슬을 받았어요.

재위 11년인 67년, 탈해이사금은 전국의 영토를 주(州)와 군(郡)으로 나누고, 왕족인 박(朴)씨들을 주주(州主)와 군주(郡主)로 파견했어요. 이 정책은 왕위 계승에서 밀려난 박씨 세력의 불만을 해소하는 동시에, 지방 세력의 힘을 약화하여 왕권(王權)을 강화하려는 목적을 지녔어요.

탈해이사금(脫解尼師今)은 80년에 승하(昇遐)했으며, 시신은 금성(金城) 북쪽 양정(壤井) 언덕에 묻혔는데, 현재 경주시 동천동에 사적 제174호로 지정되었어요.

탈해이사금이 승하한 후, 양자로 들였던 김알지(金閼智)는 왕위를 양보했어요. 그 결과, 유리이사금(儒理尼師今)의 아들인 박파사(朴婆

娑)가 왕위를 이어받아 신라 제5대 파사이사금(婆娑尼師今)으로 즉위했어요. 김알지는 이후에도 파사이사금의 국정 운영을 도왔어요.

  탈해이사금은 신라 최초의 석(昔)씨 왕으로서, 신라 초기 박(朴)씨, 석(昔)씨, 김(金)씨 세 성씨가 교대로 왕위를 계승하는 독특한 특징을 확립했어요. 그의 치세는 왕권 강화와 영토 확장에 이바지했으며, 신라의 건국 신화와 초기 역사를 복합적으로 보여주는 중요한 군주로 기억되어요.

02 김세한 金勢漢

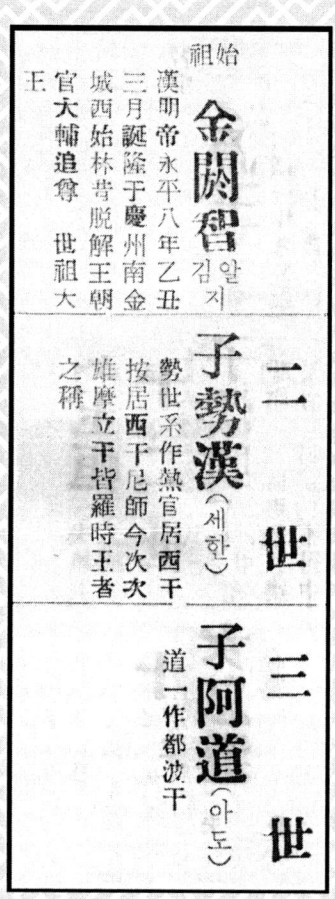

출처:경주김씨족보

김세한(金勢漢)은 경주김씨(慶州金氏) 2세손으로 그의 아버지는 김알지(金閼智)이고 아들은 김아도(金阿道)예요. 김세한은 후에 세한대왕(勢漢大王)으로 추존되었어요. 신라 김알지의 아들 김세한은 신라 김(金)씨 왕조의 중요한 인물로 여겨지지만, 역사 기록에서 존재와 행적은 명확하게 드러나지 않아 여러 설이 존재해요. 김씨 가문의 실질적인 기반을 다진 첫 세대 인물 중 한 명으로 간주해요.

파사이사금(婆娑尼師今)은 신라(新羅) 제5대 왕으로 80년부터 112년까지 32년간 재위했어요. 본명은 박파사(朴婆娑)이며, 정확한 출생 연대는 기록되어 있지 않으나 45년 이후에 태어난 것으로 추정되어요. 그의 치세는 신라 초기 왕권의 안정과 국가 체제를 견고히 다지는 데 중요한 역할을 했어요. 『삼국사기(三國史記)』에 따르면, 그는 즉위 초부터 국방 강화에 힘쓰는 한편, 국내 행정 시스템을 정비하고 민생 안정 정책을 펼쳐 국가의 기반을 튼튼히 했어요.

파사이사금은 제3대 왕 유리이사금(儒理尼師今)의 아들로 박(朴)씨 왕실의 혈통이에요. 그의 왕비는 허루갈문왕(許婁葛文王)의 딸인 사성부인(史省夫人) 김(金)씨예요. 이들 사이에서 태어난 아들 박지마(朴祇摩) 지마이사금(祇摩尼師今)이 있어요.

그는 제4대 탈해이사금(脫解尼師今)이 승하한 후 80년에 즉위했어요. 당시 왕위는 탈해이사금의 태자였던 김알지(金閼智)와 박파사 사이에 경합이 있었으나, 김알지가 덕이 있는 박파사에게 왕위를 양보함으로써 그가 왕위에 오를 수 있었어요. 박(朴)씨 혈통이었던 그가 석(昔)씨인 석탈해(昔脫解)의 뒤를 이어 즉위할 수 있었던 배경에는 김알지 세력의 지지가 있었기 때문으로 해석되어요. 이는 당시 신라의 왕위 계승이 단순 혈연보다는 유력 집단들 간의 합의를 통해 결정되었음을 시사하는 중요한 역사적 단면이에요.

파사이사금은 개인적으로도 검소하고 절약하는 성품을 지녔으며, 모든 일에 절도가 있었어요. 백성들의 삶을 살피고 나라의 물자를 아껴 존경받았으며, 이러한 현명한 통치 덕분에 신라의 기틀을 다지는 시기를 성공적으로 이끌었어요.

파사이사금의 통치는 백성을 위한 실질적인 정책으로 시작되어요. 즉위 이듬해인 81년, 그는 직접 나라 곳곳을 순행(巡幸)하며 민생을 살폈어요. 특히 각 주(州)와 군(郡)의 창고를 열어 굶주린 백성들을 구제하고, 형벌을 가볍게 하여 중죄인을 제외한 일반 죄수들을 풀어주는 등 민심을 안정시키는 데 힘썼어요.

82년에는 전국 관리들에게 농업(農業)과 양잠(養蠶)을 적극적으로 장려하도록 지시했어요. 또한, 84년에는 뛰어난 농업 기술 발전으로 남신현(南新縣)에서 이삭이 여러 가닥 달린 보리가 발견되는 풍년이 들었어요. 이와 함께 예측 불가능한 상황에 대비하여 군사들을 훈련시키는 노력도 병행했어요.

그는 이찬(阿湌) 명선(明宣)을 파진찬(波珍湌)으로 승진시키는 등 유능한 인재를 발탁하는 데 힘썼어요. 90년에는 10명의 사신(使臣)을 파견하여 각 지역 행정관인 주주(州主)와 군주(郡主)의 업무를 철저히 조사했어요. 공무를 소홀히 하거나 농지를 황폐하게 만든 관리들은 엄중하게 징계하고 파면하여 국가의 기강을 바로잡고 행정 효율을 높였어요. 85년에는 고타군(古陀郡)의 군주가 왕에게 푸른색 소를 바쳤다는 기록이 남아있어요.

파사이사금 치세 중 가장 중요한 업적 하나는 월성(月城)의 축조예요. 『삼국사기(三國史記)』에 따르면, 101년에 파사이사금은 석탈해(昔脫解)의 옛 집터에 새로운 궁성(宮城)인 월성(月城)을 짓도록 명했어요. 이 궁성은 '재성(在城)'이라고도 불렸으며, 둘레는 1,023보(步)에 달했어요. 왕실을 월성으로 이전함으로써 신라는 기존의 박혁거세 거서간 왕궁이 있던 금성(金城) 중심지를 넘어 새로운 왕실의 중심을 마련했어요. 월성은 이후 신라 멸망까지 천 년 동안 수도의 심장부 역할을 수행하게 되어요. 이는 신라의 왕권이 더욱 공고해졌음을 보여주는 상징적인 행보였어요.

파사이사금의 재위 기간은 외부 세력의 침입에 대한 방어와 영토 확장의 노력이 두드러진 시기였어요. 85년 백제(百濟)의 침략을 경험한 후, 87년에 전국 곳곳에 성(城)과 보루(堡壘)를 쌓도록 명했어요. 특히 가소성(加召城)과 마두성(馬頭城)은 신라가 경주를 벗어나 외부에 쌓은 최초의 성으로서, 신라 영토가 점차 확장되고 있음을 보여줘요.

가야(伽倻)와의 충돌이 주요 사건이었어요. 94년 가야군이 마두성을 공격하자, 아찬 길원(吉元)을 보내 1천여 명의 기병으로 격퇴했어요. 96년에는 장수 장세(長世)가 전사하는 비극을 겪었으나, 왕이 직접 5천의 군사를 이끌고 출전하여 가야군을 대파하는 큰 승리를 거두었어요. 97년, 가야의 수로왕(首露王)이 사신을 보내 사죄하자 왕은 공격을 중단하는 유연한 외교정책을 펼치기도 했어요.

102년 음즙벌국(音汁伐國)과 실직곡국(悉直谷鞠) 간의 영토 분쟁 시, 파사이사금은 가야 수로왕에게 해결을 맡기는 현명함을 보였어요. 그러나 이후 수로왕의 부하가 신라 관리를 살해하고, 음즙벌국 군주 타추간(佗鄒干)이 범인을 보호하는 사건이 발생하자, 파사이사금은 음즙벌국을 공격하여 항복을 받아냈어요. 이에 실직국(悉直國)과 압독국(押督國)도 스스로 신라에 항복하여 신라의 위상과 영토가 크게 확장되었어요.

108년에는 마두성 성주에게 명하여 비지국(比只國), 다벌국(多伐國), 초팔국(草八國)을 공격하여 장악하고, 굴아화촌(屈阿火村)을 점령하고 현(縣)을 설치하는 등 남쪽으로의 진출을 꾸준히 이어갔어요. 이러한 적극적인 정복 활동으로 가야는 세력이 크게 위축되었어요.

파사이사금의 치세는 자연재해(自然災害)가 유난히 잦았던 시기였어요. 이는 백성들의 삶에 큰 고통을 안겨주었으나, 왕은 적극적인 구제 활동으로 민심을 다잡으려 노력했어요.

96년 수도에 거대한 폭풍이 불어 나무들이 뽑혔고, 98년 극심한 가뭄으로 백성들이 굶주렸어요. 100년에는 우박(雨雹)과 강력한 지진(地震)으로 큰 인명 및 농작물 피해가 발생했어요. 이후로도 104년 운석(隕石) 현상, 105년 폭설(暴雪), 109년 메뚜기 떼 창궐 등 자연의 위협이 끊이지 않았어요. 특히 메뚜기 떼 피해 시 왕이 직접 제사를 지낸 후 메뚜기 떼가 사라지고 풍년이 들었다는 기록은 당시 왕의 종교적 위상을 보여줘요.

파사이사금은 106년 압독(押督) 지역에 직접 행차하여 가난한 백성을 구제했으며, 108년에는 홍수(洪水)로 기근(饑饉)이 든 지역에 사자를 보내 창고를 열어 식량을 나누어주었어요. 이러한 노력은 자연의 위협 속에서도 백성들을 잘 보살피려는 왕의 자애로운 통치 철학을 잘 보여줘요.

파사이사금 재위 중 왜구(倭寇)의 침입 또한 신라에 큰 위협이었어요. 『삼국사기(三國史記)』에 따르면, 85년과 101년경에 왜구들이 신라 해안을 침범했어요. 신라는 이를 효과적으로 격퇴하며 군사적 역량을 과시했어요. 이러한 왜구와의 전투를 통해 파사이사금은 왕권을 더욱 공고히 할 수 있었어요. 외부의 위협에 단호히 대처하고 승리를 끌어냄으로써, 백성과 주변국에 신라의 국방력이 강함을 보여주었기 때문이에요. 이는 파사이사금이 내치(內治)와 더불어 외치(外治)에서도 뛰어난 통치(統治) 능력을 발휘했음을 보여주는 중요한 사례예요.

파사이사금은 112년 10월에 승하(昇遐)했으며, 그의 유해는 사릉원(蛇陵園)에 안장되었는데, 이는 오늘날 경주(慶州)의 사릉(蛇陵)으로 추정되어요.

그의 뒤를 이어 아들 박지마(朴祗摩)가 신라 제6대 지마이사금(祗摩尼師今)으로 왕위에 올랐어요.

파사이사금의 치세는 민생을 안정시키는 데 큰 노력을 기울였어요. 그는 농업과 양잠을 적극적으로 권장하여 백성들의 삶의 기반을 다졌어요. 또한 나라 곳곳을 직접 살피고 게으른 관리들을 엄하게 다스려 기강을 바로잡았어요. 하늘의 재앙을 걱정하며 백성들의 고통을 줄이기 위해 노력했으며, 그 결과 여러 해 동안 풍년이 이어졌어요. 이러한 노력은 사회적 안정과 경제적 성장을 가져왔어요. 신라가 부족 연맹체(部族聯盟體)의 성격에서 벗어나 중앙집권국가(中

央集權國家)로 발전하는 데 결정적인 이바지를 한 시기예요. 그는 왕권(王權)을 점진적으로 강화하고 국가 체제(國家 體制)를 정비하여 고대 국가(古代 國家)의 기틀을 마련했어요. 특히 주변 소국들을 병합하고 경상북도 내륙 전역으로 신라의 영향력을 확대함으로써, 신라의 세력과 국력을 크게 신장시켰어요. 후대 신라 발전의 중요한 토대를 확고히 다진 왕으로 평가되어요.

03 김아도 金阿道

二世	三世	四世
子勢漢〈세한〉 勢世系作熱官居西干 按居西干尼師今次 雄摩立干皆羅時王 之稱	子阿道〈아도〉 道一作都波干	子首留〈수유〉 首一作寿官角干即 璗之秩

출처:경주김씨족보

김아도(金阿道)는 경주김씨(慶州金氏) 3세손으로 그의 아버지는 김세한(金勢漢)이고, 아들은 김수유(金首留)예요. 김알지(金閼智)의 손자로 신라 김(金)씨 왕족의 정치적 기반을 마련한 핵심 인물이에요. 김씨 왕통의 조상으로서 상징적 위치를 차지하며, 김씨 세력의 정통성을 뒷받침하는 중심인물로 재조명되어요. 신라 초기 귀족 정치 계보에서는 빠질 수 없는 인물이에요. 김아도 개인의 구체적인 행적이나 업적에 대한 자세한 기록은 현존하는 사료에서는 찾기 어려워요. 주로 김씨 왕실의 시조(始祖)인 김알지로부터 미추이사금(味鄒尼師今)으로 이어지는 왕계의 중간 인물로 그 이름이 전해지고 있어요. 김씨 왕실의 계보를 잇는 핵심적인 인물이에요.

지마이사금(祇摩尼師今)은 신라(新羅) 제6대 왕으로 112년부터 134년까지 22년간 재위했어요. 본명은 박지마(朴祇摩)이며, 박지미(朴祇味) 또는 박기미(朴祇味)라고도 불려요. 그는 신라 제5대 파사이사금(婆娑尼師今)의 아들로, 어머니는 사성부인(史省夫人) 김(金)씨예요. 그의 왕비는 애례부인(愛禮夫人) 김씨이며, 딸 내례부인(內禮夫人) 박(朴)씨는 훗날 신라 제8대 왕이 되는 아달라이사금(阿達羅尼師今)의 왕비가 되었어요. 그는 신라 초기 군주들의 칭호인 이사금(尼師今)을 사용했어요.

지마이사금은 아버지 파사이사금의 뒤를 이어 태자(太子)로 책봉되어 순조롭게 왕위를 계승했어요. 아버지 파사이사금이 김알지(金閼智)나 석탈해(昔脫解) 계통의 지지 속에서 왕위에 올랐던 것과 달리, 지마이사금은 정식 후계자로서 잡음 없이 왕위를 물려받았어요. 이러한 안정적인 왕위 계승은 신라 초기 정치적 안정에 크게 이바지했으며, 그가 통치하는 기간 신라는 내적인 혼란 없이 국력을 다지는 데 집중할 수 있었어요.

지마이사금이 태자 시절, 그는 아버지와 함께 사냥을 마치고 돌아오던 중 한기부(韓歧部)의 이찬(伊湌) 허루(許婁)의 잔치에 들렀어요. 태자는 그곳에서 이찬 마제(摩帝)의 딸에게 반하여 그녀를 태자비(太子妃)로 맞이했는데, 그녀가 바로 애례부인이에요. 이 과정에서 자기 딸이 간택되지 않은 것에 불쾌해했던 허루에게 파사이사금은 주다(主多)라는 훗날 각간(角干)이 되는 높은 직위를 하사하여 달랬어요. 이는 지마이사금이 왕권을 안정적으로 유지하면서도 유력 귀족 세력과 협력하려는 노력을 보여주는 일화예요.

112년에 즉위한 지마이사금은 재위 기간 주변국과의 관계 안정에 주력했어요.

즉위 직후인 113년, 백제(百濟)의 사신이 방문하여 왕위 계승을 축하했는데, 이는 양국 간의 우호적인 관계가 유지되고 있음을 보여줘요. 같은 해 시조묘(始祖廟)에 제사를 지내, 왕실의 정통성을 강화했어요. 114년에는 사형수를 제외한 모든 죄수를 풀어주는 대사면(大赦免)을 단행하여 민심을 안정시키려 노력했어요.

즉위 초 창영(昌永)을 이찬(伊湌)으로 임명하고, 옥권(玉權)을 파진찬(波珍湌), 신권(申權)을 일길찬(一吉湌), 순선(順宣)을 급찬(級湌)으로 임명하는 등 관료 체제를 정비했어요. 121년에도 익종(翼宗)을 이찬으로, 흔련(昕連)을 파진찬으로 임명하는 등 유능한 인재를 중심으로 관직을 재정비했어요.

지마이사금의 치세 초기에는 가야(伽倻)와의 충돌이 잦았어요. 114년 우박과 홍수가 겹쳐 신라가 자연재해로 어려움을 겪는 틈을 타, 이듬해인 115년 가야군이 신라의 남쪽 변경을 침략해 약탈했어요. 이에 지마이사금은 직접 군사를 이끌고 가야를 공격했으나, 황산하(黃山河)를 건넌 후 가야군의 매복에 걸려 포위되었어요. 지마이사금은 격렬하게 싸워 가까스로 포위망을 뚫고 퇴각했어요. 116년에는 정예 병력 1만 명을 이끌고 다시 가야를 공격하여 성을 포위했으나, 오랜 장마로 인해 전투를 벌일 수 없어 성과 없이 퇴각해야 했어요. 두 번의 가야 원정 실패는 지마이사금에게 뼈아픈 경험이었어요.

왜인(倭人)의 침략도 지속적인 위협이었어요. 신라는 왜인의 잦은 침략에 맞서기 위해 대증산성(大甑山城)을 쌓아 국방력을 강화했어요. 이 노력은 121년 왜군이 동쪽 변경을 침입했을 때 왜군을 퇴각시키는 효과를 발휘했어요. 이러한 불안정한 상황을 근본적으로 해결하기 위해, 지마이사금은 123년 왜국(倭國)과 화친(和親)을 맺었어요. 이 강화 조약 덕분에 이후 약 80년간 왜의 침략 기록이 나타나지 않아 백성들은 평화로운 삶을 누릴 수 있었어요.

125년, 말갈(靺鞨)이 신라의 북쪽을 침략하여 관리와 백성을 살해하고 대령(大嶺) 목책까지 남하했어요. 이에 신라는 백제(百濟)에 사신을 보내 도움을 요청했어요. 백제는 이 요청에 응하여 다섯 명의 장군을 파견하여 신라를 도왔어요. 말갈군은 백제군의 지원 소식을 듣고 스스로 물러났어요. 이 사건은 신라가 외부의 위협에 직면했을 때 백제와 협력하는 유연한 외교정책을 펼쳤음을 보여주는 중요한 사례예요.

지마이사금의 치세는 잦은 자연재해와 이로 인한 사회 혼란으로 인해 어려움을 겪었어요. 114년 우박과 홍수, 120년 월성 서쪽에 별이 떨어지는 이상 현상과 전염병, 122년 강풍과 메뚜기 떼 창궐, 123년 여름의 서리 등 이상기후가 잇따랐어요. 특히 131년 홍수와 132년 궁궐 화재, 마지막 해인 134년의 극심한 가뭄은 백성들의 삶을 더욱 힘들게 했어요. 이러한 재해 속에서도 지마이사금은 백성을 보살피고 국정 안정을 위해 노력했어요.

지마이사금은 134년 가을, 22년간의 통치를 마치고 승하(昇遐)했어요. 그의 무덤은 현재 경주 지마왕릉(祇摩王陵)으로 알려져 있어요. 후사가 없었기 때문에, 그가 승하한 후 왕위는 박일성(朴逸聖)에게 이어져 신라 제7대 일성이사금(逸聖尼師今)으로 즉위했어요.

그는 박씨 왕통을 안정적으로 유지하면서도 귀족 세력과의 협력을 통해 통치 기반을 굳건히 했으며, 주변국과의 외교와 국방에 힘을 쏟아 신라의 중앙집권화를 위한 중요한 발걸음을 내디뎠어요. 특히 왜와의 화친과 백제와의 협력은 그의 유연하고 실리적인 외교정책을 보여줘요.

04 김수유 金首留

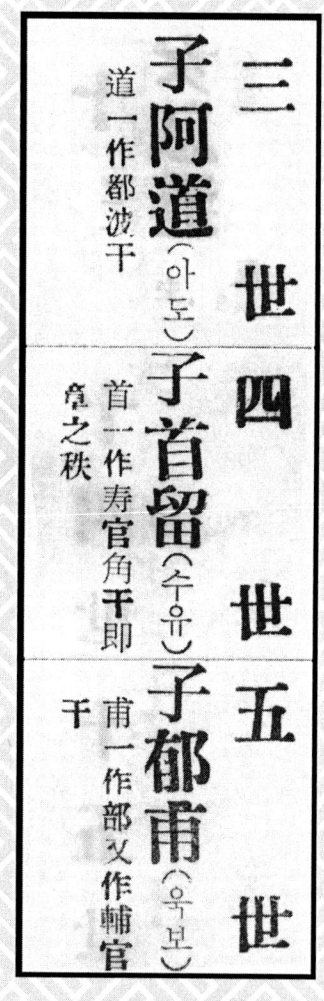

출처:경주김씨족보

김수유(金首留)는 경주김씨(慶州金氏) 4세손으로 그의 아버지는 김아도(金阿道)이고, 아들은 김욱보(金郁甫)예요. 김수유는 신라 김(金)씨 왕족의 상계(上系)에 나오는 인물이에요. 김수유는 신라 김씨 왕족의 계보를 잇는 중요한 인물로 기록되어 있지만, 역사서에서 그 자체의 행적보다는 후대의 인물들, 특히 내물마립간(奈勿麻立干) 이후의 왕들과 연결되는 조상으로서 언급되는 경우가 많아요. 신라 왕통의 흐름과 관련해 중요한 가계적 위치를 차지하는 인물로, 김씨 왕족의 조상 중 한 사람으로 기록되어 있어요. 김수유는 미추이사금(味鄒尼師今)의 조상이며, 미추이사금 이후 김씨는 신라 왕위 계승에서 점차 주도권을 가지게 되어요.

일성이사금(逸聖尼師今)은 신라(新羅) 제7대 왕으로 134년부터 154년까지 20년간 재위했어요. 본명은 박일성(朴逸聖)이며, 신라 제3대 유리이사금(儒理尼師今)의 손자예요. 아버지에 대한 기록은 명확하지 않으며, 어머니는 이리생부인(伊利生夫人)으로 전해져요. 그의 왕비는 지소례왕(支所禮王)의 딸인 박(朴)씨이며, 아들 박아달라(朴阿達羅)가 뒤를 이어 신라 제8대 아달라이사금(阿達羅尼師今)이 되어요.

일성이사금은 늦은 나이에 왕위에 올랐어요. 80년, 신라 제4대 탈해이사금(脫解尼師今) 승하 당시 대신들은 그를 다음 왕으로 추대하려 했으나, 동생이었던 박파사(朴婆娑)의 위엄과 지혜가 더 뛰어나다는 대신들의 합의와 김알지의 양보로 파사이사금(婆娑尼師今)이 신라 제5대 왕으로 먼저 즉위했어요. 이후 파사이사금의 아들인 신라 제6대 지마이사금(祗摩尼師今)이 후사 없이 승하하자, 마침내 134년에 일성이사금이 왕위에 오르게 되어요.

즉위 해인 134년, 그는 곧바로 죄수를 대사면 하여 백성을 위한 정치를 펼쳤어요. 이듬해인 135년에는 신라의 시조묘에 제사를 지내며 국가의 안정을 다지고 왕실의 정통성을 강화하는 데 힘썼어요.

일성이사금은 군사력 강화와 체계적인 국정 운영의 기틀을 마련하는 데 집중했어요.

136년, 웅선(熊宣)을 이찬(伊飡)으로 임명하고, 그에게 내외병마사(內外兵馬事)의 직책을 겸하게 하여 군사력을 강화했어요. 또한 근종(近宗)을 일길찬(一吉飡)으로 임명하는 등 국정 운영에 필요한 인재를 등용했어요.

137년, 북방의 위협 세력인 말갈(靺鞨)이 신라의 장령(長嶺) 지역을 침략하여 다섯 개의 책성(柵城)을 불태우는 사건이 발생하자, 그는 국방력 점검에 주력했어요. 138년에는 알천(閼川) 서쪽에서 대규모 군사 훈련을 하여 군의 기강을 다졌어요.

138년, 그는 국가의 중대사를 논의하고 백성의 여론을 수렴하는 새로운 기구인 정사당(政事堂)을 설치하여 보다 체계적인 국정 운영의 기틀을 마련했어요.

일성이사금의 치세는 말갈족의 끊임없는 침입으로 인한 국방 위협이 지속되었어요. 137년 장령 침략에 이어, 139년 8월에도 말갈족이 다시 장령 지역을 습격하여 백성을 살해하고 약탈했어요. 10월에도 재차 침략해 왔으나, 갑작스러운 폭설로 인해 더 이상 진격하지 못하고 퇴각했어요.

140년 봄, 일성이사금은 말갈족의 침입에 대비하여 장령에 목책(木柵)을 세워 방어 태세를 강화했어요. 142년에는 대신들과 말갈 정벌을 논의했지만, 이찬 웅선이 현실적인 어려움을 들어 반대하여 정벌 계획을 실행에 옮기지 못했어요.

147년 가을, 대신들에게 지혜와 용맹을 겸비한 장수가 될 만한 인재를 추천하도록 명하여 국방력 강화 의지를 재차 드러냈어요.

일성이사금은 잦은 자연재해 속에서도 민생을 안정시키고 경제적 기반을 다지는 데 주력했어요. 144년 봄, 그는 "농사는 정치의 근본이며, 먹는 것은 백성이 하늘처럼 여기는 것"이라고 강조하며 농업 장려 교서를 내렸어요. 모든 주(州)와 군(郡)에 제방(堤防)을 수리하고 밭과 들을 개간하여 농업 생산력을 늘리라고 지시했어요.

민간에서 금, 은, 주옥과 같은 사치품 사용을 금지하여 검소한 생활을 독려하고, 백성들의 경제적 안정을 도모했어요.

145년 봄과 여름, 신라 전역에 가뭄이 들어, 특히 남부 지역의 피해가 심해지자, 다른 지역의 곡식을 옮겨와 굶주리는 백성들을 구제했어요.

143년에는 노후화된 궁실(宮室)을 대대적으로 보수하는 작업을 진행했어요.

146년에 현재의 경북 경산인 압독(押督) 지역에서 반란이 일어나자, 일성이사금은 군대를 보내 이를 진압하고, 반란 지역 백성들을 남쪽으로 강제 이주시켜 반란의 재발을 막고 지방 통제를 강화했어요.

148년에는 박아도(朴阿道)를 갈문왕(葛文王)으로 추봉하여, 왕실의 권위를 높이고 친족들에게 명예직을 부여하는 조처를 했어요.

재위 후반기에는 149년 혜성(彗星) 관측, 천둥, 전염병과 150년의 극심한 가뭄, 151년의 우박 피해 등 천재지변(天災地變)이 잦았어요. 153년에는 궁궐에 화재가 발생하여 대문이 불타는 불행한 일도 있었어요.

151년, 오랜 기간 국정을 이끌었던 이찬 웅선이 별세(別世)하자 대선(大宣)을 그의 후임으로 임명하여 이찬 겸 내외병마사라는 중책을 맡겼어요.

일성이사금은 154년에 승하(昇遐)했어요. 그의 무덤은 현재 경주 탑동에 있는 사적 제17호 경주일성왕릉(慶州逸聖王陵)으로 알려져 있어요. 그의 뒤를 이어 아들 박아달라(朴阿達羅)가 신라 제8대 아달라이사금(阿達羅尼師今)으로 즉위했어요.

그의 치세는 잦은 재난과 외적의 위협이 있었으나, 민생 안정과 국방력 강화에 힘쓰며 신라를 이끌었어요. 그는 박(朴)씨 왕통의 후손으로서 지방 부족 세력을 통합하고, 귀족 중심의 권력 기반을 강화하려는 노력을 기울여 고대 왕권 체제를 확립하는 데 중간적인 역할을 수행했어요. 큰 내란 없이 비교적 안정적인 통치를 펼쳤어요.

05 김욱보 金郁甫

四世 子首留(수류) 首一作壽官角干即乎章之秩

五世 子郁甫(욱보) 甫一作部父作輔官角干

六世 子仇道(구도) 道一作刀一吉飡伐王時爲左軍將重道葛文王葛文新羅時封王考之稱

출처:경주김씨족보

05. 김욱보(金郁甫)　47

김욱보(金郁甫)는 경주김씨(慶州金氏) 5세손으로 그의 아버지는 김수유(金首留)이고, 아들은 김구도(金仇道)예요. 김욱보는 신라의 귀족으로 김(金)씨 왕조의 시조인 미추이사금(味鄒尼師今)의 할아버지예요. 김욱보는 신라 김씨 왕계의 시작을 알린 미추이사금의 할아버지라는 점에서 중요한 인물로 여겨져요. 경주김씨의 시조인 김알지(金閼智)의 후손이에요. 기록에 따르면 김욱보는 각간(角干)이라는 직책을 지냈던 것으로 보여요. 김욱보 개인의 활동이나 생애에 대한 자세한 기록은 현재까지 발견된 자료가 많지 않아요. 주로 아들인 김구도 구도갈문왕(仇道葛文王)의 아버지로 언급되며, 미추이사금으로 이어지는 김씨 왕조의 혈통을 잇는 중요한 위치에 있는 인물로 기록되어 있어요. 김욱보의 정확한 생몰년이나 구체적인 업적보다 김씨 왕실의 계보에서 중요한 위치를 차지하는 인물이라는 점이 주로 부각되어요.

아달라이사금(阿達羅尼師今)은 신라(新羅) 제8대 왕으로 154년부터 184년까지 30년간 재위했어요. 본명은 박아달라(朴阿達羅)이며, 신라 제7대 일성이사금(逸聖尼師今)의 첫째 아들이에요. 어머니는 지소례왕(支所禮王)의 딸인 박(朴)씨이며, 왕비는 신라 제6대 지마이사금(祇摩尼師今)의 딸인 내례부인(內禮夫人) 박씨로, 당시 신라 왕실의 친족 간 혼인 풍습을 잘 보여줘요.

아달라이사금은 키가 7척에 달했으며, 준수한 풍채와 뛰어난 용모를 지녔다고 전해져요. 신라 초기 국가 체제가 불안정하던 시기에 재위하며 내부 안정을 다지고 외부 방어에 힘쓰는 등 왕권 강화에 집중했어요.

154년 부친 일성이사금의 뒤를 이어 왕위에 오른 아달라이사금은 즉시 국정 정비에 착수했어요. 그는 계원(繼元)을 이찬(伊湌)으로, 흥선(興宣)을 일길찬(一吉湌)으로 임명하여 나라의 주요 업무를 맡겼어요. 170년에는 훗날 김씨 왕조의 기반이 되는 김구도(金仇道)를 파진찬(波珍湌)으로, 구수혜(仇須兮)를 일길찬(一吉湌)으로 임명하는 등 유능한 인재를 요직에 앉혔어요. 특히 김구도는 신라 제13대 미추이사금(味鄒尼師今)의 아버지로, 이는 당시 김씨 세력이 왕실 내에서 영향력을 확대하고 있었음을 시사해요.

그는 영토 확장과 국방력 강화에 큰 관심을 보였어요. 157년에 감물현(甘勿縣)과 마산현(馬山縣)을 설치하여 행정구역을 확대했어요. 또한, 157년과 162년에는 각각 고구려 접경 지역인 장령진(長嶺鎭)과 왜인 방어 기지인 사도성(沙道城)을 직접 방문하여 군사들을 격려했어요. 170년에는 신라 시조 박혁거세(朴赫居世)의 시조묘(始祖廟)를 보수하여 왕실의 권위를 강화하고 국가 체제를 재정비하려는 노력을 보여주었어요.

아달라이사금 치세의 가장 중요한 업적 하나는 소백산맥을 넘는 교통로를 개척하여 신라의 세력을 확장한 것이에요. 156년과 158년에 걸쳐 신라는 계립령(鷄立嶺)과 죽령(竹嶺)에 각각 교통로를 개척했어요. 이 길목 확보를 통해 신라는 소백산맥 이북까지 세력을 확장하여 백제(百濟)와 고구려(高句麗)의 영역과 접촉하게 되었고, 이것으로 인해 주변국과의 긴장이 고조되었어요.

165년, 신라의 아찬 길선(吉宣)이 반역을 꾀하다 백제로 도망쳤어요. 아달라이사금이 백제에 길선의 신병 인도를 요구했으나 거절당하자, 군대를 보내 백제를 공격했어요.

이후 백제는 167년과 170년에 걸쳐 신라를 침공하며 167년에는 신라 서쪽 국경의 두 성을 점령하고 주민 1천여 명을 포로로 잡아가는 등 큰 피해를 입혔어요.

이에 아달라이사금은 흥선에게 2만 명의 군사를 주고, 자신도 8천 명의 기병을 이끌고 직접 전투에 참여하는 강력한 반격을 가했어요. 신라의 강력한 반격에 백제는 결국 약탈해 갔던 주민들을 돌려보내고 화친(和親)을 요청하며 갈등을 봉합했어요.

167년에 발생한 지방 촌장 또는 귀족 세력의 반란을 진압함으로써, 아달라이사금은 왕권 강화의 기반을 다졌어요.

아달라이사금 치세에는 왜(倭)와의 교류 기록이 눈에 띄어요. 158년에 왜인이 신라를 방문했으며, 특히 173년에는 고대 왜의 강력한 정치체였던 야마타이국(邪馬臺國)의 여왕 히미코(卑彌呼)가 신라에 사신을 보내왔어요. 이는 신라와 왜국 간의 외교 관계가 비교적 일찍부터 형성되었음을 시사해요.

157년의 일로 전해지는 연오랑(延烏郞)과 세오녀(細烏女) 설화는 한 부부가 일본으로 건너가 그곳의 왕과 왕비가 되었다는 이야기예요. 이 설화는 당시 신라와 왜국 간에 활발한 인적 교류가 있었음을 보여주는 사례로 해석되어요.

결론적으로, 아달라이사금은 백제와는 군사적 긴장을 겪었으나,

왜와는 비교적 평화롭고 교류가 있는 관계를 유지했어요.

아달라이사금의 치세 동안 신라에는 천재지변(天災地變)이 끊이지 않아 백성들의 삶이 어려웠어요. 156년 초여름 서리, 160년 알천 범람으로 인한 홍수, 161년 메뚜기 떼 창궐과 바닷물고기 떼죽음 기현상, 170년 지진, 서리, 우박 피해, 172년 전염병 창궐, 174년 극심한 가뭄으로 우물과 샘이 마르는 등 재난이 잇따랐어요.

이러한 재난과 171년의 극심한 흉년으로 굶주리는 백성이 속출하자, 아달라이사금은 백성들에게 곡식을 나누어주는 구휼 정책을 펼쳐 민심을 안정시키고자 노력했어요.

184년 봄에 아달라이사금은 승하(昇遐)했어요. 그에게는 후사가 없어 후계가 단절되었고, 이것으로 인해 신라 박(朴)씨 왕통은 잠시 끊기게 되어요. 그의 정확한 장지는 기록에 남아있지 않지만, 현재 경주 남산 서쪽 기슭의 배동 사적 제219호 삼릉(三陵) 가운데 하나가 그의 묘로 추정되고 있어요.

그의 사후 왕위는 신라 제4대 탈해이사금의 손자인 석벌휴(昔伐休)에게 이어져 신라 제9대 벌휴이사금(伐休尼師今)이 즉위하면서 석(昔)씨 왕조 시대가 시작되어요. 아달라이사금의 시대는 신라의 왕위가 박(朴), 석(昔), 김(金), 세 성씨로 전환되는 중요한 분기점이 되었어요.

아달라이사금의 재위 기간은 신라가 고대 국가로서의 기틀을 다진 중요한 시기로 평가되어요. 그는 영토를 소백산맥 이북까지 확장하고 백제와의 군사적 대결에서 성과를 거두었으며, 내정 안정에 주력하여 신라 국력 성장의 기반을 다졌어요.

벌휴이사금(伐休尼師今) 은 신라(新羅) 제9대 왕으로 184년부터 196년까지 12년간 재위했어요. 본명은 석벌휴(昔伐休)로, 신라 제4대 탈해이사금(脫解尼師今)의 손자로 알려져 있어요. 그의 아버지는 각간(角干) 석구추(昔仇鄒)이며, 어머니는 지진내례부인(只珍內禮夫人) 김(金)씨예요.

벌휴이사금은 신라 제8대 아달라이사금(阿達羅尼師今)이 후사 없이 승하하자, 대신들의 추대로 왕위에 올랐어요. 이로써 신라 제5대 파사이사금부터 이어진 박(朴)씨 왕조가 단절되고, 왕위는 다시 석(昔)씨 왕조로 전환되었어요. 그의 즉위는 신라 초기 박, 석, 김, 세 성씨가 교대로 왕위를 계승하는 복잡한 양상을 보여주는 사례이며, 신라가 고대 국가로서의 기틀을 확립하는 중요한 전환점이 되었어요.

벌휴이사금이 왕위에 오른 시점은 탈해이사금이 승하한 지 100년 이상 지난 후였기에, 그가 석탈해(昔脫解)의 직계 손자였는지에 대해서는 역사적 논란이 있어요. 그러나 당시 나라 사람들이 그를 탈해이사금의 손자로 추대했다는 사실은 석씨 왕계의 정통성을 다시 확립하려는 의도가 있었음을 짐작하게 해요.

벌휴이사금은 바람과 구름의 움직임을 보고 점을 쳐서 홍수와 가뭄, 풍년과 흉년을 미리 알았으며, 사람의 옳고 그름을 꿰뚫어 보아 백성들 사이에서 성인(聖人)으로 불렸다고 전해져요. 이러한 예지력과 함께 그는 국가의 통치 시스템을 개혁하고 대외 위협에 적극적으로 대응했어요.

벌휴이사금은 즉위 직후 군사 제도 개혁에 착수하며 백제의 침략에 적극적으로 대응했어요. 185년에 그는 군주(軍主)라는 군사 직책을 신설하고, 파진찬(波珍湌) 김구도(金仇道)와 일길찬(一吉湌) 구수혜(仇須兮)를 각각 좌군주(左軍主)와 우군주(右軍主)로 임명했어요. 이들은 주변 소국을 복속시키고 서쪽 국경을 자주 침범하던 백제(百濟)를 방어하는 중책을 맡았어요.

185년에는 군주라는 명칭이 처음 등장한 기록으로 현재의 경북 의성인 소문국(召文國)을 정벌했어요.

188년 백제가 모산성(母山城)을 공격하자 김구도를 시켜 이를 막아냈어요. 이듬해인 189년에 김구도는 구양성(狗壤城)에서 백제군과 싸워 500여 명을 죽이거나 사로잡는 대승을 거두었어요.

그러나 190년에 백제군이 원산향(圓山鄕)과 부곡성(缶谷城)을 공격했을 때, 김구도가 적의 유인책에 넘어가 와산(蛙山)에서 패배하는 일이 발생했어요. 이 일로 벌휴이사금은 김구도를 부곡성 성주로 강등시키고, 설지(薛支)를 새로운 좌군주로 임명하며 군기(軍紀)를 엄하게 다스렸어요.

벌휴이사금은 국방 강화와 더불어 민생 안정을 중요한 통치 목표로 삼았어요.

185년 정월, 시조묘에 제사를 지내고 대대적인 사면(赦免)을 단행하여 민심을 안정시켰어요.

186년 정월에는 직접 여러 주(州)와 군(郡)을 순행(巡幸)하며 백성들의 삶과 풍속을 살폈어요. 187년 3월에는 농사철에 맞춰 모든 토목공사를 중단하라는 명을 내려 백성들이 농사일을 제때 할 수 있도록 배려했어요.

백제와는 영토 분쟁이 잦았으나, 왜(倭)와는 우호적인 관계를 이어갔어요. 192년, 왜에서 발생한 극심한 기근으로 약 1천 명의 왜인이 신라로 건너와 식량을 요청했을 때, 벌휴이사금은 그들을 구휼하며 외교적 우의를 다졌어요.

벌휴이사금은 196년 여름에 승하(昇遐)했어요. 벌휴이사금에게는 석골정(昔骨正)과 석이매(昔伊買)라는 두 아들이 있었으나, 모두 왕보다 먼저 세상을 떠나 왕위 계승에 문제가 발생했어요.

첫째 아들 석골정의 아들인 석조분(昔助賁)은 아직 나이가 어려 왕위에 오르기 힘들었어요. 이에 둘째 아들 석이매의 아들인 석내해(昔奈解)가 왕위를 이었으니, 그가 바로 신라 제10대 왕인 내해이사금(奈解尼師今)이에요. 이로써 벌휴이사금의 혈통은 내해이사금으로 이어지며 석씨 왕계의 번성을 위한 초석을 놓았어요.

그는 재위하는 동안 내실을 다지고 국방을 튼튼히 하여 신라의 고대 국가 기틀을 더 확립하는 데 크게 이바지했어요.

06 김구도 金仇道

```
五世  子郁甫(욱보)
      甫一作部 父作輔 官角干

六世  子仇道(구도)
      道一作刀一吉飡伐休
      王時爲左軍將 裏眞登
      葛文王 葛文新羅時追
      封王考之稱

七世  子味鄒王(미추왕)
      子大西知(대서지)
      子末仇(말구)
```

출처:경주김씨족보

김구도(金仇道)는 경주김씨(慶州金氏) 6세손으로 그의 아버지는 각간(角干)을 지냈던 김욱보(金郁甫)이고, 아들은 미추왕(味鄒王, 미추이사금)과 김대서지(金大西知), 김말구(金末仇)예요. 딸로는 옥모부인(玉帽夫人) 김(金)씨가 있는데, 그녀는 신라 제10대 내해이사금(奈解尼師今)의 아들인 석골정갈문왕(昔骨正葛文王)과 혼인하여 신라 제11대 조분이사금(助賁尼師今)과 신라 제12대 첨해이사금(沾解尼師今)을 낳았어요. 즉, 김구도는 석(昔)씨 왕들의 외조부가 되어요.

신라의 김구도는 상대적으로 덜 알려진 인물이지만, 김씨 왕족 가계의 중요한 인물 중 한 사람이에요. 주로 고대 문헌에서 간접적으로 언급되며, 특히 신라의 초기 김씨 가문 계보와 관련하여 의미가 있어요. 후에 구도갈문왕(仇道葛文王)으로 추봉되었어요.

김구도는 김알지(金閼智)의 후손이에요. 김알지는 신라 시조 박혁거세(朴赫居世)와 별개로 등장하는 신라 김씨 왕족의 시조(始祖)이며, 김씨 왕통의 영적, 신화적 조상으로 여겨져요. 특히 김구도는 신라 제13대 왕인 미추이사금(味鄒尼師今)의 아버지로, 김씨 왕통이 처음으로 왕위에 오르기 바로 직전의 인물이에요. 따라서 김씨 왕통의 실질적인 시조급 인물로 간주되며, 김씨 왕조의 기반을 다진 선대예요. 신라 김씨 김알지 계열 왕조의 초석을 다진 매우 중요한 인물이에요. 그 이전까지 신라는 박(朴)씨 박혁거세(朴赫居世) 계열, 석(昔)씨 석탈해(昔脫解) 계열의 두 가문이 번갈아 가며 왕위를 계승하고 있었어요.

김구도의 아들인 미추이사금이 즉위하면서 김알지의 후손과 김알지의 후손인 김구도의 후손들이 대대로 왕이 되었어요. 이는 김구도를 통해 왕권 계보가 김씨로 옮겨졌다는 점에서 중요해요. 미추이사금 이후 신라의 왕위는 김씨 일족이 독점하게 되며, 이 과정에서 김구도는 조상으로서 위상이 강화되어요.

김구도(金仇道)는 신라의 귀족으로서 왕을 보좌하고 중요한 공적을 세웠어요. 그는 최고 관등 중 하나인 파진찬(波珍湌)을 지냈으며, 특히 모산성전투(母山城戰鬪)와 와산성전투(蛙山城戰鬪) 등에서 군사를 이끌고 백제군을 물리친 뛰어난 무공을 세웠어요. 그의 기록은 단순한 혈통적 중요성을 넘어, 신라의 정치와 군사 분야에서 실제 활약했던 공신임을 보여줘요.

당시의 정치 체제는 귀족 중심의 연맹왕국 단계였으며, 왕이 되지 못해도 유력한 씨족 세력으로 영향력을 행사했을 가능성이 높아요. 김구도가 활동하던 시기는 신라가 여전히 6부(六部) 체제를 유지하던 시기였고, 각 부족장과 귀족 세력이 왕을 선출하는 선출 군주제의 성격이 있었어요. 김씨가 왕위 계승권을 확보하는 데 있어서 핵심 인물이었던 것으로 보이며, 이는 그의 아들 미추이사금이 신라 제13대 왕위에 오르면서 실현되어요. 김구도는 신라의 지배 세력으로서 군사적, 정치적으로 중요한 역할 수행을 하며, 후대에 김씨 왕조가 신라의 왕위를 계승하는 데 결정적인 영향을 끼친 인물이에요.

김구도의 비는 이칠갈문왕(伊柒葛文王)의 딸인 술례부인(述禮夫人) 박(朴)씨예요. 이칠갈문왕은 신라 제6대 지마이사금(祇摩尼師今)의 아들로 추정되어요. 이를 통해 김구도가 당시 박씨 왕족과 혼인 관계를 맺으며 상당한 정치적 기반을 다졌음을 알 수 있어요.

172년 아달라이사금(阿達羅尼師今) 19년 정월에 파진찬(波珍湌)으로 임명되었어요. 188년 2월 백제가 모산성(母山城)을 공격해 오자 김구도가 군사를 이끌고 막아냈어요,

내해이사금(奈解尼師今)은 신라(新羅) 제10대 왕으로 196년부터 230년까지 35년간 재위했어요. 본명은 석내해(昔奈解)로, 신라 제9대 벌휴이사금(伐休尼師今)의 둘째 아들인 석이매(昔伊買)의 아들이에요. 그는 위엄 있는 용모와 탁월한 재능을 지녔다고 전해져요. 왕비는 벌휴이사금의 첫째 아들 석골정(昔骨正)의 아들, 즉 자기의 사촌인 조분이사금(助賁尼師今)의 누이인 석(昔)씨예요. 그들의 자녀로는 아들 석우로(昔于老)와 석이음(昔利音), 그리고 훗날 조분이사금의 왕비가 되는 딸 아이혜부인(阿爾兮夫人)이 있어요.

내해이사금은 196년 할아버지인 벌휴이사금이 승하하자 왕위를 계승했어요. 이는 벌휴이사금의 두 아들인 석골정과 석이매가 모두 일찍 세상을 떠났기 때문이에요. 특히 장손인 석골정의 아들 석조분(昔助賁)이 아직 어렸기 때문에, 석이매의 아들인 내해이사금이 왕위를 이어받게 되었어요. 이러한 복잡한 과정을 거쳤음에도 그의 치세는 안정적인 통치와 군사력 강화에 중점을 둔 시기였어요.

즉위 후 진충(眞忠)을 일벌찬(一伐湌)에 임명하여 국정 운영을 맡겼어요. 또한, 아들 석이음(昔利音)을 이벌찬(伊伐湌) 겸 내외병마사(內外兵馬事)에 임명하여 군사권을 맡겼어요. 220년 석이음이 별세(別世)하자 충훤(忠萱)을 후임으로 임명했으나, 222년 충훤이 백제와의 전투

에서 패배하자 그를 진주(鎭主)로 강등시키고 연진(連珍)을 새로운 이벌찬 겸 내외병마사로 임명했어요. 이처럼 군사적 위기 상황에 따라 관료를 능동적으로 교체한 것은 당시 신라가 잦은 외부 침략에 시달렸음을 보여줘요.

내해이사금 시대 신라는 백제, 왜, 말갈과 자주 충돌하는 한편, 가야와는 협력 관계를 강화하며 한반도 남부에서 입지를 다졌어요. 가야는 201년 신라에 화친을 청하며 우호적인 관계를 유지했어요. 특히 209년 포상팔국(浦上八國)이 아라가야(阿羅伽倻)를 침공하자, 가야는 신라에 원군을 요청했어요. 내해이사금은 태자 석우로(昔于老)와 이벌찬 석이음(昔利音)에게 신라 6부의 군사를 이끌고 가야를 돕도록 했고, 가야는 신라의 도움으로 위기를 극복했어요. 212년 가야가 왕자를 신라에 인질로 보내며 관계를 더욱 공고히 했어요. 이로써 신라는 주변 소국들에 대한 주도권을 강화할 수 있었어요.

백제는 199년 신라 침공을 시작으로 214년 요거성(腰車城)을 공격하여 성주를 살해했어요. 이에 내해이사금은 석이음을 보내 사현성(沙峴城)을 함락시켰어요. 218년 백제가 장산성(獐山城)을 공격했을 때 왕이 직접 나가 격퇴했어요. 222년 웅곡 패배 이후 224년, 새 이벌찬 연진(連珍)이 봉산(烽山) 아래에서 백제군 1천여 명을 섬멸하는 대승을 거두고 봉산성(烽山城)을 쌓아 국경 방어를 강화했어요.

203년 말갈(靺鞨)이 국경을 침범했고, 208년에는 왜인이 국경을 공격해 오자 아들 석이음을 보내 왜군을 막아내게 했어요.

내해이사금은 잦은 전쟁 속에서도 군사적 준비와 민생 안정이라는 핵심 과제를 동시에 추진했어요. 그는 200년 알천(閼川)에서 군대를 사열하고, 208년 서쪽 지방을 순행(巡幸)했으며, 220년 양산(楊山)

에서 다시 군대를 사열하는 등 국방 태세를 직접 점검했어요. 또한, 227년에는 한 달 동안 서남쪽의 여러 군과 읍을 돌며 백성들의 어려움을 직접 살피는 순수(巡狩)를 시행했어요.

198년 백제와의 접경 지역에 홍수가 나자, 피해 지역의 조세를 1년간 면제해 주었어요. 226년 가뭄이 들었을 때는 백성을 구제하고 죄수를 사면하여 민심을 다독였어요.

내해이사금은 230년 봄에 승하했어요. 아들 석우로(昔于老)가 있었음에도, 불구하고, 그의 유언에 따라 왕위는 사촌이자 사위인 석조분(昔助賁)에게 이어져 신라 제11대 조분이사금(助賁尼師今)으로 즉위했어요. 내해이사금의 직계 후손은 후대인 신라 제16대 흘해이사금(訖解尼師今) 때에 와서야 다시 왕위에 오르게 되어요.

그는 '이웃과 친목하고 백성을 구휼하였다'라고 평가될 만큼 긍정적인 통치자였어요. 그의 재위 기간은 석(昔)씨 왕조가 안정적으로 왕위를 계승하고 발전해 나가는 중요한 시기였어요. 그는 국가 통치 체계를 안정시키고 기초 행정 체계를 확립하여 고대 국가로서 신라가 성장하는 중요한 발판을 마련했어요.

조분이사금(助賁尼師今)은 신라(新羅) 제11대 왕으로 230년부터 247년까지 17년간 재위했어요. 본명은 석조분(昔助賁)이에요. 그는 신라 왕실의 중흥을 이끌었던 석씨(昔氏) 세력의 핵심 인물이에요. 조분이사금은 제9대 벌휴이사금(伐休尼師今)의 손자예요. 그의 부친은 세신갈문왕(世神葛文王) 석골정(昔骨正)이며, 모친은 구도갈문왕(仇道葛文王) 김구도(金仇道)의 딸인 옥모부인(玉帽夫人) 김(金)씨예요. 주목할 점은, 조분이사금이 선대 왕인 신라 제10대 내해이사금

(奈解尼師今)과는 사촌 동생인 동시에 그의 사위라는 사실이에요. 그는 내해이사금의 딸인 아이혜부인(阿爾兮夫人)을 왕비로 맞이했어요.

조분이사금의 부친인 석골정은 요절(夭折)했고, 조분이사금 자신도 어린 나이였기에 선왕인 벌휴이사금 승하(昇遐) 후 곧바로 왕위를 잇지 못했어요. 그 대신 석골정의 동생인 숙부 석이매(昔伊買)의 아들인 석내해(昔奈解)가 신라 제10대 내해이사금으로 왕위에 올랐어요. 내해이사금은 자기 딸을 사촌 동생인 석조분과 결혼시켜 사위로 삼아 왕실의 결속을 도모했어요.

230년, 내해이사금이 승하할 때 그는 자기의 아들인 태자 석우로(昔于老)가 아닌 사위 석조분에게 왕위를 물려주라는 유언을 남겼어요. 이 유교(遺敎)를 받들어 석조분은 신라 제11대 왕으로 즉위했어요. 이러한 복잡한 방식의 계승은 당시 신라 왕실 내부의 정치적 역학 관계와 왕위 계승의 불안정성을 보여주는 사례이며, 조분이사금의 등극은 왕실 계승이 다시 안정화되는 중요한 전환점을 마련했어요.

조분이사금은 덩치가 크고 외모와 행동거지가 당당했으며, 뛰어난 현명함과 더불어 일을 처리하는 결단력을 갖춰 백성들에게 존경받았어요.

즉위 직후인 230년 봄, 그는 연충(延忠)을 이찬(伊湌)으로 임명하여 군사와 국가 행정 전반을 총괄하게 했어요. 같은 해 7월, 시조묘(始祖廟)에 제사를 지내며 왕실의 정통성을 확고히 다졌어요.

이듬해인 231년에는 선왕의 아들 석우로(昔于老)를 대장군으로 삼아 현재의 경상북도 김천인 감문국(甘文國)을 정벌하고 그 땅에 군(郡)을 설치했어요. 236년에는 현재의 경상북도 영천인 골벌국(骨伐國)의 왕 아음부(阿音夫)가 자발적으로 항복하자, 그들이 정착하도록 돕고 역시 군을 설치했어요. 이러한 내륙으로의 영토 확장과 지방 통제 강화는 신라의 중앙집권적 통치 기반을 마련하는 데 이바지했어요.

245년 겨울, 왕은 석우로를 최고 관직인 서불한(舒弗邯)에 임명하고, 아울러 지병마사(知兵馬事)를 겸임하게 하여 군사적 역량을 크게 강화했어요. 240년에는 현재의 경상북도 안동시인 고타군(古陀郡)에서 진귀한 벼 이삭을 바쳤다는 기록이 있어, 이 무렵 안동 지역 역시 신라에 복속되었음을 시사해요.

조분이사금의 치세는 주변국과의 잦은 충돌로 특징지어져요. 신라는 왜인(倭人)의 빈번한 침략에 맞서 적극적인 방어와 반격을 전개했어요.

232년, 왜군이 금성(金城)을 기습적으로 포위하자, 왕이 직접 군대를 이끌고 나가 왜군을 크게 격퇴했어요. 왜군이 퇴각하자, 신라의 정예 기병이 추격하여 1천여 명을 섬멸하는 대승을 거두었어요. 233년에는 왜인이 동쪽 국경을 재차 침범하여 약탈을 감행했어요. 이때 이찬 석우로는 사도(沙道)에서 왜군의 배를 모두 불태우는 전술로 적군을 크게 무찔렀어요. 이러한 승전은 신라의 군사적 역량과 국방력을 대내외에 과시하는 중요한 계기가 되었어요.

재위 기간 중 신라는 백제(百濟), 고구려(高句麗)와도 군사적 마찰을 겪었어요. 240년에는 백제가 서쪽 국경을 침범했으며, 245년 겨울에는 기록상 고구려의 첫 신라 공격이 북쪽 국경에서 발생했어요. 조분이사금은 석우로를 보내 방어하게 했으나, 신라군은 고구려군에게 패하여 마두책(馬頭柵)으로 후퇴해야 했어요. 이 시기는 신라가 주변 강대국의 압력에 직면하면서도, 국방 체제를 정비해 나가는 과도기였어요.

조분이사금의 재위 중에는 자연재해도 빈번히 기록되어요. 233년 여름에는 지붕의 기와가 날아갈 정도의 강력한 태풍이 닥쳤고, 237년에는 메뚜기 떼가 창궐하여 농작물에 심각한 피해를 줬어요. 또한 246년에는 수도인 금성 인근에서 지진이 발생하는 등 자연의 시련이 있었어요.

조분이사금은 이처럼 대내외적인 어려움 속에서도 석우로와 같은 유능한 인재들을 적극 등용하며 국력을 공고히 했어요. 그의 치세는 외적의 침입을 효과적으로 방어하고 영토를 경상북도 내륙까지 확장함으로써 고대 국가로 발전하는 토대를 확립한 시기로 평가되어요.

조분이사금은 247년에 승하(昇遐)했어요. 그의 정확한 무덤 위치는 경주 일대로 추정될 뿐 현재까지 알려지지 않아요.

그의 왕위는 동생인 석첨해(昔沾解)가 이어받아 신라 제12대 첨해이사금(沾解尼師今)이 되었어요.

조분이사금의 자녀들은 이후 신라 왕위 계승에 결정적인 영향을 끼쳤어요. 아들 석유례(昔儒禮)는 내음갈문왕(奈音葛文王)의 딸 박(朴)씨와의 사이에서 태어났으며, 훗날 신라 제14대 유례이사금(儒禮尼師今)이 되어요. 또 다른 아들인 이찬(伊飡) 석걸숙(昔乞淑)의 아들 석기림(昔基臨)은 신라 제15대 기림이사금(基臨尼師今)으로 즉위했어요. 딸 광명부인(光明夫人) 석(昔)씨는 신라 제13대 왕인 미추이사금(味鄒尼師今)의 왕비가 되어요. 다른 딸 명원부인(命元夫人) 석(昔)씨는 내해이사금의 아들 석우로와 혼인하여 신라 제16대 흘해이사금(訖解尼師今)을 낳았어요.

첨해이사금 이후 신라 제16대 흘해이사금에 이르기까지, 왕위가 조분이사금의 자손과 사위들에게 연이어 계승된 사실은 당시 신라 왕실 내에서 조분이사금 가문이 가진 강력한 영향력을 방증해요.

첨해이사금(沾解尼師今)은 신라(新羅) 제12대 왕으로 247년부터 261년까지 14년간 재위했어요. 본명은 석첨해(昔沾解)로, 신라 제9대 벌휴이사금(伐休尼師今)의 손자이자, 아버지 석골정(昔骨正)과 어머니 옥모부인(玉帽夫人) 사이에서 태어났어요. 그는 선왕인 신라 제11대 조분이사금(助賁尼師今)의 친동생이에요.

첨해이사금은 조분이사금에게 아들이 있었음에도 왕위를 계승했는데, 이는 당시 신라 왕실의 독특하고 복잡한 왕위 계승 체제를 보여줘요. 더욱이 그는 후손에 대한 기록이 없었고, 그의 형인 조분이사금의 사위인 김미추(金味鄒)가 다음 왕인 신라 제13대 미추이사금(味鄒尼師今)이 되면서 신라 왕위는 석(昔)씨에서 김(金)씨로 전환되는 중대한 분기점을 맞이했어요.

첨해이사금은 재위 기간이 상대적으로 짧았지만, 행정 체제 정비와 인재 등용에 힘썼어요. 즉위 직후, 부친인 석골정(昔骨正)을 세신갈문왕(世神葛文王)으로 추봉하여 왕실의 권위를 높였어요. 이찬(伊湌) 장훤(長萱)을 서불한(舒弗邯)으로 임명하여 국정 전반을 총괄하게 했어요. 249년에는 양부(楊夫)를 이찬으로 임명했어요.

249년에 궁궐 남쪽에 남당(南堂)을 건립했는데, 이는 '도당(都堂)'이라고도 불리며 251년부터 왕이 이곳에서 국정을 논하고 처리하는 장소가 되었어요.

251년, 뛰어난 서예와 산학 실력으로 명성이 높던 한기부(韓己夫)

의 부도(夫道)를 아찬(阿湌)으로 임명하고 나라의 재정을 담당하는 물장고(物藏庫) 업무를 맡기는 등 인재를 활용했어요.

첨해이사금 치세의 가장 주목할 만한 업적은 지방에 대한 중앙의 직접 지배력을 확대한 것이에요.

즉위 해인 247년, 현재의 경북 상주인 사벌국(沙伐國)에서 반란이 일어나자, 이찬 석우로(昔于老)를 보내 진압했어요. 석우로는 사벌국을 평정한 뒤, 신라 역사상 최초의 '주(州)'인 사벌주(沙伐州)를 설치했어요. 이 과정에서 사벌국 주변의 여덟 개 작은 나라들도 신라에 복속되어 중앙집권적 통치 체제를 강화하는 데 이바지했어요.

신라에 복속되어 있던 사량벌국(沙梁伐國)이 백제에 편승하여 배신하자, 석우로를 보내 멸망시키고 그 지역에 새로운 주(州)를 설치했어요. 이는 백제의 영향력 확대를 견제하고 신라의 영토를 공고히 하는 중요한 계기가 되었어요.

261년에는 영토 확장을 목적으로 현재의 대구에 달벌성(達伐城)을 쌓고 나마(奈麻) 극종(極宗)을 성주로 임명하여 국방을 강화했어요.

첨해이사금은 주변국과의 관계에서 유연한 외교와 긴장 관계를 동시에 유지했어요. 이전 왕 때 신라 북쪽을 자주 침범했던 고구려(高句麗)와는 248년에 사신을 파견하여 화친(和親)을 맺었어요. 이는 신라가 고구려와의 군사적 충돌에서 전력의 차이를 인식하고 관계 개선을 시도했음을 보여줘요. 백제와는 긴장 관계가 지속되었어요. 255년, 백제가 신라를 공격했고, 일벌찬(一伐湌) 익종(翊宗)은 괴곡(槐谷) 서쪽에서 전사하는 피해를 입었어요. 같은 해 백제는 봉산성(蓬山城)도 공격했으나 함락시키지는 못했어요. 261년 백제가 사신을 보내 화친을 제의했으나, 첨해이사금은 이를 거절하며 백제와의 대립 속에서 국방을 강화하는 데 주력했어요.

첨해이사금의 재위 기간은 자연재해가 잦아 백성들이 큰 고통을 겪었어요. 심각한 기근(饑饉)이 반복되고 폭우로 산이 무너지는 등 어려움이 지속되자, 왕은 명산(名山)에 직접 찾아가 기우제(祈雨祭)를 지내는 등 재해에 대처하는 데 집중했어요.

249년, 국가의 주요 관료였던 서불한(舒弗邯) 석우로(昔于老)가 왜인에 의해 살해당하는 비극적인 사건이 발생했어요. 왕의 미온적인 대응은 당시 석(昔)씨 왕족과 김(金)씨 세력 사이의 불만을 야기했을 가능성이 있으며, 이는 훗날 왕위가 김씨에게 넘어가는 데 영향을 끼쳤을 것으로 추정되어요.

첨해이사금은 261년 겨울, 갑작스러운 병으로 승하(昇遐)했어요. 그는 후사를 남기지 못했고, 결국 왕위는 형인 조분이사금(助賁尼師今)의 사위인 김미추(金味鄒)에게 넘어가 신라 제13대 미추이사금(味鄒尼師今)이 되었어요. 이로써 신라의 왕위는 석씨에서 김씨로 전환되었으며, 이는 김씨 왕조가 확고히 자리 잡는 발판을 마련한 신라 왕실사의 중대한 계기가 되었어요.

그의 통치기는 신라가 진한(辰韓) 지역에 대한 지배력을 확대하며 고대 국가로서의 기반을 다지는 중요한 시기였어요.

07 김말구 金末仇

```
六世  子仇道(구도)
      道一作刀一吉飡伐休
      王時爲左軍將萬直登
      葛文王葛文新羅時追
      封王考之稱

七世  子味鄒王(미추왕)
      子大西知(대서지)
      子末仇(말구)

八世  子奈勿王(내물왕)
      晋穆帝永和十二月丙
      辰立在位三十七年壬
      寅二日薨
      妃希礼夫人金氏味鄒王
```

출처:경주김씨족보

김말구(金末仇)는 경주김씨(慶州金氏) 7세손으로 그의 아버지는 김구도(金仇道)이고 아들은 신라 제17대 내물왕(奈勿王, 내물마립간)이에요. 김구도는 후에 구도갈문왕(仇道葛文王)으로 추봉되었어요. 어머니는 술례부인(述禮夫人) 박(朴)씨로 기록되어 있어요. 부인은 휴례부인(休禮夫人) 김(金)씨예요. 내물마립간(奈勿麻立干)은 신라의 왕위 계승에서 김(金)씨 세습 체제를 확고히 한 중요한 인물이에요. 김말구의 큰형은 미추왕(味鄒王, 미추이사금)이고 미추이사금(味鄒尼師今)은 신라 최초의 김씨 왕이에요. 작은형은 김대서지(金大西知)예요.

　유례이사금(儒禮尼師今) 8년인 291년 정월에 이벌찬(伊伐湌)에 임명되었다는 기록이 있어요. 이벌찬은 높은 관등이에요. 후에 각간(角干)이 되었어요. 각간은 신라의 최고 관등 중 하나예요. 김말구의 사람됨에 대해 "충직하고 성격이 곧으며 지략이 있어, 왕이 늘 찾아 정사의 요강을 물었다"라고 기록되어 있어요.

　김말구(金末仇)는 김(金)씨 왕실의 중요한 일원으로, 그의 아들 내물마립간(奈勿麻立干)이 왕위에 오르면서 신라 김씨 왕조의 기반을 다지는 데 간접적으로 이바지했어요. 내물마립간의 계보를 설명하는 과정에서 김말구의 이름이 언급되며, 이는 신라 초기 김씨 왕실의 가계와 왕위 계승 과정을 이해하는 데 중요한 단서가 되어요. 김말구는 신라 제13대 미추이사금(味鄒尼師今)의 동생이자, 신라 제17

대 내물마립간(奈勿麻立干)의 아버지로, 신라 김씨 왕실의 핵심 인물이에요. 그는 이벌찬(伊伐飡)과 각간(角干) 등의 고위 관직을 역임했으며, 그의 아들 내물마립간이 왕위에 오르면서 신라 김씨 왕조의 기틀을 다지는 데 중요한 역할을 했어요.

미추이사금(味鄒尼師今)은 신라(新羅) 제13대 왕으로 262년부터 284년까지 22년간 재위했어요. 본명은 김미추(金味鄒)로, 신라 최초의 김(金)씨 출신 왕이에요. 그는 김알지(金閼智)의 7세손으로, 아버지는 구도갈문왕(仇道葛文王) 김구도(金仇道), 어머니는 술례부인(述禮夫人) 박(朴)씨예요. 그는 선왕인 조분이사금의 딸 광명부인(光明夫人) 석(昔)씨와 결혼했으며, 두 딸이 훗날 내물마립간(奈勿麻立干)과 실성마립간(實聖麻立干)의 왕비가 되어요.

미추이사금의 즉위는 신라 역사에 큰 전환점을 가져왔어요. 신라 제12대 첨해이사금(沾解尼師今)이 후사 없이 승하하자, 당시 신라 귀족 세력 국인의 추대를 받아 왕위에 오름으로써, 왕위 계승의 주류가 박(朴)씨와 석(昔)씨에서 김(金)씨로 완전히 넘어가게 되는 기반을 마련했어요. 이후 그는 신라 김씨 왕조의 실질적인 시조로 숭앙받았어요.

미추이사금은 새로운 왕조의 기반을 다지는 동시에, 백성을 아끼는 애민(愛民) 정신을 바탕으로 국정을 운영했어요.

즉위 이듬해인 263년, 이찬(伊飡) 양부(楊夫)를 서불한(舒弗邯)으로 임명하고 내외병마사(內外兵馬事)를 겸하게 하여 군사와 국정 전반을 총괄하게 했어요. 또한, 아버지 김구도(金仇道)를 구도갈문왕(仇道葛文王)으로 추봉하며 김씨 왕실의 위상을 높였어요. 주요 정무를 처리하는 남당(南堂)을 통해 귀족들의 의견을 폭넓게 수렴하며 왕권을 안정시켰어요.

264년, 직접 황산(黃山)을 찾아가 노인과 가난한 사람들을 위로하고 구제했어요. 268년 가뭄 때는 백성의 어려움을 살피기 위해 사신 5명을 전국에 파견했어요. 272년에는 농업에 해로운 모든 행위를 금지하는 명령을 내려 민생 안정에 힘썼어요. 276년, 신하들이 궁궐 재건을 건의했을 때, 백성에게 힘든 노역을 시키는 것을 꺼려 이를 거절하는 등 그의 재위 기간 펼쳐진 정책들은 백성을 아끼는 마음을 잘 보여줘요.

미추이사금의 치세 동안에도 신라는 주변국, 특히 백제와의 국경 분쟁에서 벗어나지 못했어요. 266년 백제의 봉산성(蓬山城) 공격을 성주 직선(直宣)이 물리쳤으며, 백제는 272년과 278년에도 신라를 침범했어요. 278년 괴곡성(槐谷城) 공격 때는 파진찬(波珍湌) 정원(淨元)이 성을 구했어요. 283년 백제의 재공격 때는 일길찬(一吉湌) 양질(良質)이 성공적으로 격퇴했어요.

잦은 침략에 대비하여 281년 양산(楊山) 서쪽에서 병사들을 사열했고, 284년 봄에는 직접 서쪽 국경의 여러 성을 시찰하며 백제에 대한 방어 태세를 점검하는 등 외세의 위협으로부터 나라를 안정시키려 노력했어요.

평화롭던 신라와 왜의 관계는 서불한 석우로의 아내가 남편의 복수를 위해 왜의 사신을 불태워 죽이는 사건으로 인해 일시적으로 긴장이 고조되었고, 왜인들이 수도 금성(金城)으로 쳐들어오는 사태가 발생하기도 했어요.

263년, 고구려 승려 아도 화상(阿道 和尙)이 금성으로 와서 불교(佛

敎)를 전파하려 했으나, 사람들의 반대로 속림(粟林)으로 피신했어요. 이듬해 성국공주(成國公主)의 병을 고쳐주면서 포교(布敎) 허락을 얻어 흥륜사(興輪寺)를 짓고 불교를 전파하기 시작했으나, 미추이사금 승하 후 다시 쇠퇴기를 겪게 되어요.

미추이사금은 284년 겨울에 승하(昇遐)했으며, 죽장릉(竹長陵)이라고도 불리는 대릉원(大陵苑)에 묻혔어요. 그의 사후 왕위는 조분이사금의 첫째 아들인 석유례(昔儒禮)가 이어받아 신라 제14대 유례이사금(儒禮尼師今)으로 즉위했어요.

미추이사금은 죽어서도 나라를 지킨 호국영군(護國靈君)으로 숭앙받았어요. 유례이사금(儒禮尼師今) 재위 중 이서국(伊西國)이 침략하여 신라가 위기에 처했을 때, 귀에 대나무 잎사귀를 꽂은 의문의 군사들이 나타나 적을 물리쳤다는 전설이 있어요. 이 군사들이 사라진 후 미추이사금의 능 앞에 대나무 잎사귀가 쌓여 있어, 사람들은 왕이 신라를 구원했다고 믿고 그의 능을 죽현릉(竹峴陵)이라고 불렀어요.

그는 김씨 왕통의 첫 번째 왕으로서, 이후 수백 년 동안 신라를 이끌게 될 김씨 왕조의 기반을 다졌다는 점에서 매우 중요해요. 신라 제36대 혜공왕 때 정비된 5묘(五廟) 체제에서 영원히 제사를 받는 인물로 지정되어, 김씨 왕실의 정통성을 상징하는 인물로 자리매김했어요.

유례이사금(儒禮尼師今)은 신라(新羅) 제14대 왕으로 284년부터 298년까지 14년간 재위했어요. 본명은 석유례(昔儒禮)로, 신라 제11대 조분이사금(助賁尼師今)의 첫째 아들이에요. 그는 내음갈문왕

(奈音葛文王)의 딸 박(朴)씨 소생으로 알려져 있으며, 그의 즉위로 박(朴)씨와 김(金)씨 왕조에 잠시 중단되었던 석(昔)씨의 왕위가 다시 이어졌어요.

유례이사금의 재위 기간은 끊임없는 왜(倭)와 북방 이민족의 침입으로 인한 분쟁의 시대로 특징지어져요. 이 시기는 신라가 소국 연맹체에서 중앙집권적 국가로 발전하는 과도기였기에, 외적의 침입에 대비한 국방 강화와 내부 정치 체제 정비 시도가 공존하는 격동기였어요.

유례이사금은 조분이사금의 첫째 아들이었음에도 아버지 사후 곧바로 왕위에 오르지 못했어요. 그의 숙부 첨해이사금(沾解尼師今)과 김씨 가문의 미추이사금(味鄒尼師今)이 먼저 왕위를 차지했어요. 그는 미추이사금이 승하한 284년에 이르러서야 왕위를 계승할 수 있었어요. 그의 친족 중에는 훗날 신라 왕위에 오르거나 왕실의 중요한 일원이 된 인물들이 있어요. 신라 제13대 미추이사금(味鄒尼師今)의 왕비인 광명부인(光明夫人)은 유례이사금의 누이이며, 신라 제15대 기림이사금(基臨尼師今)의 아버지인 석걸숙(昔乞叔)은 유례이사금의 친형제예요. 즉, 기림이사금은 유례이사금의 조카가 되어요. 다만, 유례이사금의 왕비나 자녀에 대한 구체적인 기록은 현재 전해지지 않아요.

유례이사금은 자신의 석씨 왕권을 안정시키기 위해 김(金)씨 세력을 적극적으로 등용했어요. 285년, 그는 이찬(伊湌) 홍권(弘權)을 서불한(舒弗邯)으로 임명하여 나라의 중요한 일을 맡겼어요. 291년에는 미추이사금(味鄒尼師今)의 동생이자 내물마립간(奈勿麻立干)의 아버지인 김말구(金末仇)를 이벌찬(伊伐湌)으로 삼았어요. 유례이사금은 충성스

럽고 지략이 뛰어난 김말구를 자주 불러 중요한 정무에 대해 자문하며 김씨 세력과의 협력을 통해 왕권을 안정시키려 노력했어요.

유례이사금의 치세는 왜(倭)의 침략으로 인한 피해가 매우 컸어요. 287년, 왜인들이 일례부(一禮部)를 기습하여 불을 지르고 백성 1천 명을 납치하는 사건이 발생했어요. 292년에 왜인들에게 사도성(沙道城)을 빼앗겼고, 유례이사금은 일길찬(一吉湌) 대곡(大谷)을 보내 성을 탈환하도록 했어요. 293년에는 사도성을 개축하고 현재의 상주인 사벌주(沙伐州)의 유능한 백성 80여 가구를 이주시켜 방어력을 높였어요. 294년에도 장봉성(長峰城)을 공격해 온 왜군을 성공적으로 막아냈어요.

계속되는 왜(倭)의 침략에 맞서기 위해, 유례이사금은 295년에 백제와 연합하여 바다를 건너 왜국을 공격하려는 계획을 세웠어요. 그러나 서불한 홍권(弘權)의 반대로 무산되었어요. 홍권은 신라군의 해상 전투 취약성과 백제에 대한 불신을 이유로 들며 공동 작전의 위험성을 경고했어요.

297년, 신라의 수도인 금성(金城)은 현재의 경북 청도인 이서고국(伊西古國)의 침략으로 절체절명의 위기에 처했어요. 신라군이 패배 직전에 몰렸을 때, 귀에 대나무 잎사귀를 꽂은 의문의 병사들인 죽엽군이 나타나 이서고국 군대를 격파한 뒤 홀연히 사라졌어요. 병사들이 사라진 후, 김(金)씨 왕인 신라 제13대 미추이사금(味鄒尼師今)의 무덤인 죽장릉에 수많은 대나무 잎사귀가 쌓여 있는 것이 발견되었어요.

백성들은 "돌아가신 미추왕께서 하늘의 병사를 보내 신라를 구원하셨다"라고 믿었으며, 이 전설은 단순히 적을 물리친 이야기가 아니라 김씨 왕실의 정통성과 신성성을 강조하는 상징적인 설화로 해석되어요. 석(昔)씨 왕조인 유례이사금 시대에 김씨 왕이 나라를 구했다는 이 이야기는, 훗날 김씨 왕조가 신라의 왕위를 완전히 차지하는 중요한 명분으로 작용했어요.

유례이사금은 298년 겨울에 승하(昇遐)했어요. 유례이사금 사후, 그의 동생인 이찬 석걸숙(昔乞淑)의 아들 석기림(昔基臨)이 왕위를 계승하여 신라 제15대 기림이사금(基臨尼師今)이 되어요.

유례이사금의 통치 기간은 잦은 외침과 290년 월성 홍수 같은 자연재해로 인해 대외적으로 불안정했으며, 왕실 내부에서도 석씨 왕권과 김씨 세력 간의 긴장 관계가 두드러지게 나타났어요.

유례이사금 시대의 가장 큰 특징은 왜와 이서고국의 끊임없는 침략이었으며, 특히 미추이사금의 영혼이 신라를 구했다는 설화는 당시 신라 사회의 혼란 속에서 왕실의 권위와 정통성을 확립하고자 하는 노력을 보여주는 동시에, 신라 왕조가 석씨에서 김씨로 완전히 전환되는 중대한 명분을 제공했어요.

기림이사금(基臨尼師今)은 신라(新羅) 제15대 왕으로 298년부터 310년까지 12년간 재위했어요. 본명은 석기림(昔基臨) 또는 석기립(昔基立)이며, 신라 제11대 조분이사금(助賁尼師今)의 손자이자 이찬(伊湌) 석걸숙(昔乞淑)의 아들이에요. 그는 온화하고 관대한 성품으로 존경받았으며, 그의 치세 중 가장 중요한 사건은 국호를 '신라(新羅)'로 변경한 기록이 등장했다는 점이에요. 왕비나 자녀에 대한 기록은 없어요.

기림이사금은 298년 겨울, 선왕인 유례이사금(儒禮尼師今)의 승하

후 왕위에 올랐어요. 그는 즉위 초기부터 왕실의 권위를 확립하고 국정 운영의 기틀을 다지는 데 주력했어요.

299년, 장흔(長昕)을 이찬(伊湌)에 임명하고, 중앙과 지방의 군사 업무를 총괄하는 내외병마사(內外兵馬事) 직책을 겸하게 했어요. 또한, 시조묘(始祖廟)에 제사를 지내, 왕실의 정통성을 강화했어요.

300년, 현재의 강원도 춘천인 우두주(牛頭州) 지역을 직접 순행(巡幸)하며 가난한 백성과 노인들을 위로하고 형편에 따라 곡식을 나눠 주는 등 애민(愛民) 정책을 펼쳤어요. 같은 해, 태백산(太白山)에서 망제(望祭)를 올려 국가의 안녕을 기원했어요.

기림이사금의 치세는 신라의 국가 정체성을 확립하고 대외 관계를 안정시키려는 시도가 돋보여요.

307년, 이전까지 신라는 '계림(雞林)' 등의 명칭을 국호로 사용해 왔는데, 기림이사금 때 국호를 다시 '신라(新羅)'로 변경했다는 기록이 등장했어요. 이는 '덕업이 날마다 새로워지고(新), 사방을 아우른다(羅)'라는 통치 이념을 담은 명칭이에요. 비록 국호가 최종적으로 확정된 시기는 신라 제22대 지증왕(智證王) 때로 보이지만, 이 시기에 '신라'라는 국호 사용 기록이 나타나기 시작했다는 점은 국가 정체성 확립 측면에서 중요한 의미를 지녀요.

전 왕대부터 이어진 왜(倭)와의 잦은 충돌을 진정시키기 위해 사신을 교환하여 화친 관계를 맺음으로써 평화를 도모했어요.

낙랑(樂浪)과 대방(帶方)의 주민 일부가 신라로 투항해 오는 사건이 발생했는데, 이는 신라의 영향력이 점차 북쪽으로 확장되고 있었음을 시사해요.

기림이사금의 재위 기간에는 자연재해가 빈번하게 발생하여 국정 운영에 어려움을 겪었어요. 302년에는 극심한 가뭄이 이어져 백성들의 삶이 어려웠어요. 304년에는 큰 지진이 여러 차례 발생하여 땅이 흔들리고 가옥이 무너지는 등 큰 피해가 발생했어요.

310년 여름 5월, 기림이사금은 병에 걸리자, 전국에 걸쳐 죄수들을 사면하는 조처를 한 뒤 그해 여름에 승하(昇遐)했어요.

기림이사금에게는 후사가 없었기 때문에, 신라 제10대 내해이사금(奈解尼師今)의 손자이자 자신의 할아버지인 조분이사금(助賁尼師今)의 외손자였던 석흘해(昔訖解)가 뒤를 이어 신라 제16대 흘해이사금(訖解尼師今)이 되었어요.

기림이사금의 치세는 국호 변경이라는 상징적인 기록과 함께, 대외적으로는 안정과 확장의 기반을 다지는 중요한 시기였어요.

08. 내물왕 奈勿王

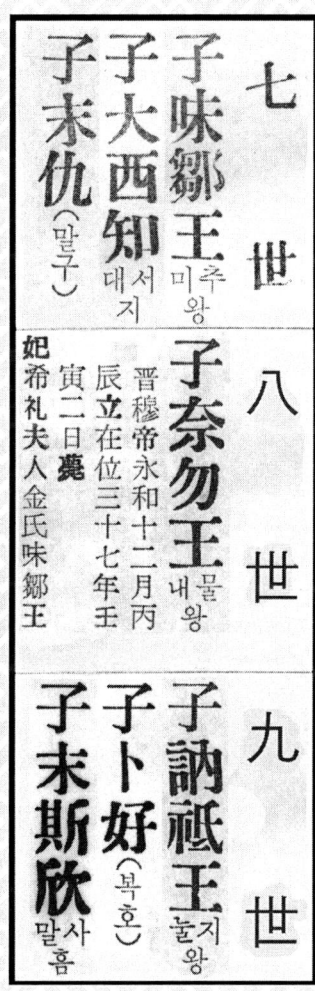

출처:경주김씨족보

김내물(金奈勿)은 내물왕(奈勿王, 내물마립간)의 본명이며 경주 김씨(慶州金氏) 8세손으로 그의 아버지는 김말구(金末仇)이에요. 내물 마립간에게는 세 아들이 있었는데, 첫째 아들은 신라 제19대 왕인 눌지왕(訥祗王)이고, 둘째 아들은 김복호(金卜好), 셋째 아들은 김미사흔(金未斯欣)이에요. 김미사흔의 경우, '김말사흠'이라는 표기는 잘못된 것으로, 올바른 한자 표기는 김미사흔(金未斯欣)이에요.

흘해이사금(訖解尼師今)은 신라(新羅) 제16대 왕으로 310년부터 356년까지 46년간 재위했어요. 본명은 석흘해(昔訖解)이며, 석탈해(昔脫解)의 후손이에요. 그는 신라 제10대 내해이사금(奈解尼師今)의 손자이면서 신라 제11대 조분이사금(助賁尼師今)의 외손자예요. 어릴 적 몸이 약해 스스로 걷지 못했다는 기록이 있으나, 준수한 외모와 뛰어난 지혜, 남다른 일 처리 능력으로 칭송받았어요.

흘해이사금은 310년 후사가 없던 외사촌 기림이사금(基臨尼師今)이 승하하자, 신하들의 추대를 받아서 왕위를 차지했어요. 신하들은 그를 어린 나이에도 노인의 덕망을 갖춘 인물로 평가했어요.

왕위에 오른 후 급리(急利)를 아찬(阿飡)에 임명하여 국정을 총괄하고 내외병마사(內外兵馬使)를 겸임하게 했으며, 314년에는 그를 이찬(伊飡)으로 승진시켰어요.

311년 시조묘(始祖廟)에 제사를 지내, 석(昔)씨 왕실의 정통성을 공고히 했어요.

흘해이사금의 치세는 왜(倭)국과의 갈등이 가장 두드러졌던 시기로, 그의 아버지 석우로(昔于老)가 왜인에게 살해당하고 어머니가 복수를 감행한 사건 등 복잡한 배경이 있어요.

312년, 왜왕이 아들을 위해 신라 여성과의 결혼을 청하자, 흘해이사금은 아찬 급리(急利)의 딸을 보내 평화적인 관계를 모색했어요. 그러나 344년 왜국이 다시 신라 공주와의 혼인을 요청했을 때, 흘해이사금은 공주가 이미 출가했다는 이유로 거절했어요. 이에 다음 해 왜국은 국교 단절 서신을 보내왔어요.

346년, 왜인들은 풍도(豊島)를 통해 침입하여 수도인 금성(金城)을 포위했어요. 신라군은 직접 공격 대신 적의 식량이 떨어질 때까지 기다렸다가, 왜군이 철수하는 틈을 타 추격하여 격퇴하는 전략으로, 성공적으로 방어했어요.

이 시기 신라와 백제 관계는 비교적 우호적이었어요. 337년 신라는 백제에 사신을 보내 예방하는 등 외교적 안정을 통해 국력을 다지려 했어요.

잦은 자연재해 속에서도 흘해이사금은 백성들의 어려움을 덜어주는 데 주력했어요. 313년 극심한 가뭄과 메뚜기 떼가 창궐하자 사신을 파견해 백성을 구제했어요. 314년에는 가뭄으로 인해 궁궐 보수 공사를 중단했어요. 317년 또다시 심한 가뭄이 들자, 죄수들을 심사하여 풀어주었고, 318년에는 농업 회복을 위해 백성들에게 부과되는 노역을 모두 중단시켰어요.

330년, 벽골제(碧骨堤)를 축조했다는 기록이 있어요. 길이 1,800보에 달했던 이 대규모 수리 시설은 신라 시대에 농업 생산력 증대를 위한 국가적 노력이 있었음을 보여줘요.

흘해이사금은 356년 여름에 승하(昇遐)했어요. 46년이라는 긴 재위 기간에도 후사가 없었던 그의 죽음은 신라 왕위 계승에 중대한 변화를 불러왔어요.

흘해이사금의 뒤를 이어 미추이사금(味鄒尼師今)의 조카인 김내물(金奈勿)이 신라 제17대 내물마립간(奈勿麻立干)으로 즉위했어요. 이로써 신라의 왕위는 박씨, 석씨가 교대로 잇던 시대를 마감하고, 김씨가 왕위를 독점하는 체제로 전환되어요.

이 시기부터 왕의 칭호도 이사금(尼師今)에서 마립간(麻立干)으로 바뀌는데, 이는 신라 왕권이 더욱 강화되었음을 상징하는 변화예요.

흘해이사금에게는 아들이 없었지만, 왜왕의 청혼을 거절할 때 '딸이 이미 출가했다'라는 기록으로 보아 딸은 있었음을 짐작할 수 있어요.

내물마립간(奈勿麻立干)은 신라(新羅) 제17대 왕으로 356년부터 402년까지 46년간 재위했어요. 본명은 김내물(金奈勿) 또는 김나밀(金那密)이며, 신라 제13대 미추이사금(味鄒尼師今)의 조카이자 미추이사금의 동생 각간(角干) 김말구(金末仇)의 아들이에요. 그는 미추이사금의 딸 보반부인(保反夫人) 김씨와 결혼하여 훗날 왕이 되는 신라 제19대 눌지마립간(訥祗麻立干) 김눌지(金訥祗)와 김복호(金卜好), 김미사흔(金未斯欣) 등을 두었어요.

내물마립간의 즉위는 신라 역사상 가장 중요한 전환점 중 하나로 평가되어요. 이 시기부터 김(金)씨가 신라의 왕위를 독점하는 체제가 확립되었으며, '마립간(麻立干)'이라는 새로운 왕호가 사용되기 시작했어요.

내물마립간은 선왕 흘해이사금(訖解尼師今)이 후사 없이 승하하자 왕위를 계승했어요.

신라 제13대 미추이사금 때 잠시 김씨가 왕위에 올랐으나, 내물마립간의 즉위로 비로소 신라의 멸망 때까지 김씨가 왕위를 독점하는 체제가 확고히 자리 잡았어요. 이로써 그는 신라 김씨 왕조의 실질적인 시조로 평가받아요.

그의 치세부터 마립간(麻立干)이라는 호칭이 왕의 공식 호칭으로 사용되기 시작했어요. 이는 '최고 지배자' 또는 '대군장'을 의미하며, 왕이 중심이 되고 신하들이 그 아래에 질서 있게 배열된다는 위계적인 의미를 담고 있어요. 왕호의 변화는 왕권이 크게 강화되었음을 상징하며, 신라가 더욱 강력한 중앙집권 국가로 발전했음을 보여줘요.

내물마립간은 신라의 고대 국가 기틀을 다지고 국제적 위상을 드높이는 데 집중했어요. 381년, 위두(衛頭)를 전진(前秦)에 사절로 파견했어요. 이는 신라라는 국명으로 중국 사서에 언급된 최초의 기록으로, 신라가 국제 무대에서 독립적인 국가로 인정받기 시작했음을 보여주는 중요한 증거예요.

초기에는 백제(百濟)와 우호적이었으나, 373년 백제 독산성 성주가 300여 명을 이끌고 신라로 투항하면서 관계가 악화했어요. 당시 강력했던 백제 근초고왕(近肖古王)을 견제하기 위해 신라는 외교적 노력을 기울였어요.

392년, 고구려(高句麗)가 사신을 보내자, 김실성(金實聖)을 볼모로 보내며 우호 관계를 다졌어요. 399년, 왜(倭)와 백제 연합군의 대규모 침략으로 신라가 위기에 처하자, 내물마립간은 당시 강국이던 고구려 광개토대왕(廣開土大王)에게 구원을 요청했어요. 400년, 고구려는 보병과 기병 5만 명의 대군을 파견하여 왜군을 격파하고 신라를 구했어요. 이 사건은 광개토대왕릉비(廣開土大王陵碑)에 기록되어 있으며, 호우총(壺杅塚)에서 발견된 호우명(壺杅銘) 그릇 역시 당시 신라가 고구려의 강한 영향력 아래에 놓였음을 시사해요.

364년 대규모 왜군 침략 시 허수아비 전술과 복병을 이용한 기습으로 왜군을 크게 격파했으며, 395년에는 북방의 말갈(靺鞨)족 침공도 실직(悉直)에서 성공적으로 물리치는 등 국방력을 강화했어요.

내물마립간이 재위하는 동안 신라는 잦은 천재지변으로 어려움을 겪었어요. 366년 산사태, 372년 극심한 가뭄, 388년 지진, 389년 전염병과 메뚜기 떼로 인한 흉년 등 재해가 이어졌어요. 내물마립간은 백성 구제를 위해 창고를 열어 식량을 나누어 주었으며, 397년 흉년 때는 1년 동안 조세(租稅)를 면제해 주는 등 적극적으로 애민(愛民) 정책을 펼쳤어요.

내물마립간은 402년 봄에 승하(昇遐)했어요. 그의 무덤은 경주시 교동의 사적 제188호 내물왕릉(奈勿王陵)으로 알려져 있어요.

그의 아들들이 아직 어려 왕위를 잇기 힘들었기 때문에, 고구려에 볼모로 갔다가 돌아온 김실성(金實聖)이 신라 제18대 실성마립간(實聖麻立干)으로 즉위하여 왕위를 계승했어요.

내물마립간은 김씨 왕조의 기반을 확립하고 왕권을 강화했으며, 고구려와의 외교를 통해 국가적 위기를 극복하고 중국과 직접 교류함으로써 신라가 고대 국가로 발돋움하고 국제적 지위를 향상하는 중요한 토대를 마련한 왕이에요.

09 김복호 金卜好

八世　子奈勿王（내물왕）
晋穆帝永和十二月丙辰立在位三十七年壬寅二日薨
妃希礼夫人金氏味鄒王

九世　子訥祗王（눌지왕）
子卜好（복호）
子末斯欣（말흔）

十世　子習寶（습보）
追封葛文王一云斯宝世系作期宝訥祗王之弟云
妃烏生夫人訥祗王女

출처:경주김씨족보

김복호(金卜好)는 경주김씨(慶州金氏) 9세손으로 그의 아버지는 내물왕(奈勿王, 내물마립간)이고, 어머니는 미추이사금의 딸인 보반부인(保反夫人) 김(金)씨예요. 아들은 김습보(金習寶) 이에요. 김습보는 후에 습보갈문왕(習寶葛文王)으로 추봉되어요. 형제로는 형인 눌지왕(訥祗王, 눌지마립간)과 동생 김미사흔(金未斯欣)이 있어요. 김말사흠은 잘못된 표기예요.

김복호(金卜好)는 신라의 중요한 왕자이자 중요한 인물이에요. 손자는 지증왕(智證王)인데 그가 왕위에 오르면서 김복호는 이후 수백 년간 신라 왕실의 중요한 조상으로 여겨져요. 자손들이 신라 왕통을 이어가는 데 중요한 역할을 했어요. 김복호의 아버지인 내물마립간의 뒤를 이어 왕위에 오른 실성마립간(實聖麻立干)은 친고구려 정책을 펼쳤어요. 412년 고구려 장수왕이 김복호가 지혜와 재주가 뛰어나다며 친교를 원한다는 사신을 보내와서 김복호는 고구려에 인질로 보내지게 되어요. 실성마립간이 전왕의 아들들을 숙청하기 위해 인질로 보냈다고 해요.

실성마립간(實聖麻立干)이 죽고 형인 눌지마립간(訥祗麻立干)이 즉위하자 김복호(金卜好)가 고구려에 있으면 신라가 고구려의 눈치를 볼 수밖에 없었기 때문에, 동생인 김복호를 신라로 데려오고자 했어요. 그래서 박제상(朴堤相)의 도움으로 김복호는 418년 신라로 무사히 돌아올 수 있었어요. 이후 박제상은 왜에 인질로 가 있던 또 다른 동생 김미사흔(金未斯欣)도 데려오다가 희생되었어요. 김복호는 왕위에 오르지는 못했지만, 파호갈문왕(波戶葛文王)으로 추봉되어요. 김복호는 고구려와의 외교 관계에서 중요한 역할을 담당했던 인물이에요. 신라 왕실의 계보를 잇는 데 결정적인 역할을 한 조상으로 역사적 의미를 가져요.

김복호(金卜好)는 신라 김(金)씨 왕통의 확립 과정 중의 인물로 내물마립간(奈勿麻立干)이 왕권을 강화하고 김씨 일족의 정통성을 세우는 시기에 태어났어요. 내물마립간은 김알지(金閼智) 후손 중 최초의 마립간(麻立干) 출신으로 김씨 왕통이 신라 왕위를 독점하게 되는 시작점이라 할 수 있는데 김복호는 바로 이 정통 김씨 왕가의 아들이에요.

실성마립간(實聖麻立干)은 신라(新羅) 제18대 왕으로 402년부터 417년까지 15년간 재위했어요. 본명은 김실성(金實聖)이며, 신라 제13대 미추이사금(味鄒尼師今)의 동생인 이찬(伊湌) 김대서지(金大西知)의 아들이에요. 그는 전임자인 내물마립간(奈勿麻立干)의 사촌으로 추정되며, 미추이사금의 딸인 아류부인(阿留夫人) 김씨와 혼인하여 내물마립간과 마찬가지로 미추이사금의 사위가 되었어요.

실성마립간의 치세는 고구려의 강력한 영향력과 왕위 계승을 둘러싼 권력 갈등이 얽혀 있는 격동의 시기였어요. 그는 고구려에 볼모로 잡혀갔다가 귀국하여 왕위에 오른 특이한 경력을 지니고 있으며, 그의 생애 자체가 당시 신라가 처한 국제 정세를 상징적으로 보여줘요.

키가 7척 5촌에 달할 정도로 신체가 뛰어나고 총명했던 실성마립간의 즉위 과정에는 복잡한 정세가 반영되어 있어요. 392년 신라가 고구려의 영향권 아래에 있을 때, 그는 고구려에 볼모인 인질로 보내졌다가 401년 가을에야 귀국했어요.

이듬해 402년 봄, 내물마립간이 승하하자 당시 태자였던 김눌지(金訥祗)는 나이가 어리다는 이유로 왕위를 잇지 못했어요. 이에 신라 귀족 회의체인 화백회의의 추대를 받아 실성마립간이 왕위에 오르게 되어요. 이는 왕위 계승이 혈통뿐만 아니라 귀족들의 합의로 결정되었음을 보여줘요.

실성마립간은 즉위 후 대외 관계 안정에 주력했지만, 고구려를 등에 업고 백제를 견제하는 정책은 결국 고구려의 간섭을 심화시키는 결과를 낳았어요.

즉위 원년에 내물마립간의 아들 김미사흔(金未斯欣)을 왜(倭)에 볼모로 보내면서 왜와 외교 관계를 맺어 평화를 유지하려 했어요. 그러나 왜의 침략은 계속되었고, 405년 명활성(明活城) 공격은 실성마립간이 직접 격퇴했어요. 408년에는 대마도 정벌 계획을 세웠으나 신하의 반대로 무산되었어요.

403년 백제의 국경 침범을 계기로, 신라는 고구려와의 연합을 더욱 중요시했어요. 412년에는 내물마립간의 또 다른 아들 김복호(金卜好)를 고구려에 볼모로 보내 우호 관계를 더욱 강화했어요. 신라 왕족을 연이어 볼모로 보낸 것은 당시 신라가 고구려의 강력한 영향력 아래에 있었음을 보여줘요.

실성마립간 시대의 신라는 내물마립간 시대와 마찬가지로 고구려와의 외교를 통해 세력을 확장하던 백제를 견제하는 정책을 펼쳤어요. 실성마립간의 치세는 고구려의 간섭과 자신의 복수심으로 인해 내부 왕권이 매우 불안정했어요.

실성마립간은 과거 자신이 내물마립간에 의해 고구려에 볼모로 보내졌던 원한을 풀기 위해, 내물마립간의 아들들을 볼모로 보내거나 제거하려 했어요. 김미사흔은 왜에, 김복호는 고구려에 볼모로 보내졌어요.

그는 내물마립간의 태자였던 김눌지(金訥祗)를 제거하기 위해 고구려 사신을 이용해 암살을 시도했으나, 고구려인이 오히려 눌지의 현명함을 보고 사실을 알려주면서 계획은 실패했어요. 결국 실성마립간은 417년 고구려의 지원을 받은 김눌지에게 살해당하고 말았어요. 이는 당시 고구려가 신라의 왕위 계승에까지 영향력을 행사했음을 보여주는 극적인 사건이에요.

실성마립간의 죽음으로 신라 왕위 계승 구조가 변화했으며, 이후 왕위는 내물마립간의 아들 김눌지가 신라 제19대 왕이 되어 눌지마립간(訥祗麻立干)으로 즉위하여, 고구려의 간섭에서 벗어나 신라의 자주성을 확립하려는 중요한 계기가 되었어요.

실성마립간은 복잡한 외교적 위기 속에서 왕위에 올랐지만, 결국 왕위 다툼의 희생양이 된 비운의 왕으로 역사에 기록되었어요.

눌지마립간(訥祗麻立干)은 신라(新羅) 제19대 왕으로 417년부터 458년까지 41년간 재위했어요. 본명은 김눌지(金訥祗)로, 그의 이름 '눌지'는 '신중하다'라는 의미를 담고 있어요. 그는 신라 제17대 내물마립간(奈勿麻立干)의 첫째 아들이며, 어머니는 신라 제13대 미추이사금의 딸 보반부인(保反夫人) 김(金)씨예요. 왕비는 전왕인 실성마립간(實聖麻立干)의 딸 아로부인(阿老夫人) 김씨예요.

눌지마립간의 치세는 신라의 역사적 전환점을 이룬 시기로, 왕위 계승의 혼란을 끝내고, 고구려의 간섭에서 벗어나 자주성을 강화한 중요한 시기였어요.

눌지마립간의 가장 큰 업적은 왕위 계승 방식을 확립한 것이에요. 이전까지 김씨 왕족 내 여러 갈래에서 왕위가 번갈아 계승되어 왕권이 불안정했으나, 눌지마립간은 부자상속제(父子相續制)를 확립하여 왕위 계승의 혼란을 막고 왕권 안정을 꾀했어요. 이는 신라 중앙집권 체제 강화에 결정적인 전환점이 되었어요.

그는 고구려의 지원을 받은 실성마립간(實聖麻立干)을 제거하고 왕위에 오름으로써, 신라가 더 이상 고구려의 영향력 아래에 놓이지 않겠다는 강한 자주독립 의지를 표명했어요.

눌지마립간은 본래 내물마립간의 태자였으나, 나이가 어리다는 이유로 아버지의 사촌 동생인 실성마립간이 먼저 왕위에 올랐어요. 실성마립간은 과거 자신이 볼모로 갔던 일에 원한을 품고, 내물마립간의 아들들인 김복호와 김미사흔을 각각 고구려와 왜에 볼모로 보냈어요. 심지어 김눌지를 암살하려 했으나, 김눌지의 현명함을 본 고구려인이 사실을 알려주어 화를 피했어요. 결국 눌지마립간은 고구려의 도움을 받아 실성마립간을 제거하고 왕위에 올랐는데, 이 사건 이후 고구려의 간섭에서 벗어나기 위한 노력을 시작했어요.

417년 즉위 후, 눌지마립간은 충신 박제상(朴堤上)을 보내 고구려와 왜에 볼모로 잡혀 있던 두 동생을 신라로 귀국시켰어요. 이들의 귀환은 왕권을 강화하고 왕실의 안정을 되찾는 중요한 계기가 되었어요. 눌지마립간은 동생들과 재회한 기쁨과 근심 해소의 감정을 담아 '우식곡(憂息曲)'이라는 신라 향가(鄕歌)를 지었다고 전해지는데, 이는 형제애와 더불어 고구려 및 왜의 간섭에서 벗어나고자 했던 의지를 상징해요.

눌지마립간의 치세 동안 신라의 외교 노선은 고구려 중심에서 벗어나 자주적인 방향으로 변화했어요. 즉위 초기에는 고구려와 우호적이었으나, 433년에 백제(百濟)와 화친을 맺고 나제동맹(羅濟同盟)을 체결했어요. 이는 강력했던 고구려를 견제하기 위한 것으로, 신라가 고구려의 영향력에서 벗어나 독자적인 외교 노선을 걷는 중대한 전환점이 되었어요.

동맹 이후 신라와 고구려 관계는 점차 악화했어요. 450년 고구려 장수 피살 사건으로 서쪽 국경이 침공당했고, 455년 고구려가 백제를 공격했을 때는 동맹 관계에 따라 백제에 원병(援兵)을 보내 함께 고구려에 맞섰어요. 이는 나제동맹이 실질적인 군사 동맹으로 기능했음을 입증해요.

눌지마립간은 왜(倭)의 431년 명활성 포위, 443년 금성 10일 포위 등 끊임없는 침략에 시달렸어요. 왜의 잦은 침공은 나제동맹을 체결하여 고구려와 왜를 동시에 견제하려 했던 주요 원인이 되었어요.

눌지마립간은 외교 및 군사 문제뿐만 아니라 내치에도 힘써 국가 발전의 기틀을 마련했어요.

기근, 가뭄, 우박 등 잦은 천재지변으로 백성들의 삶이 곤궁해지자, 429년에 시제(矢堤)라는 큰 저수지를 쌓아 농업 생산량을 늘리려 했어요. 또한 438년에는 소달구지(牛車) 사용법을 보급하여 생산성 향상을 도모했어요.

그의 재위 기간에 고구려 승려 묵호자(墨胡子)에 의해 불교가 처음

전래하게 되었다는 기록이 있어요. 묵호자는 신라 왕실에 향(香)의 용도를 알려주고 공주의 병을 고쳐주었으며, 이는 법흥왕 시대 공식 공인 이전에 이미 불교가 전파되었음을 시사해요.

눌지마립간은 458년 가을에 승하(昇遐)했어요. 그의 첫째 아들 김자비(金慈悲)가 왕위를 이어 신라 제20대 자비마립간(慈悲麻立干)으로 즉위했어요. 이는 부자상속제의 원칙이 확립되었음을 보여주는 역사적 사건이에요.

눌지마립간은 41년간의 긴 재위 기간에 신라의 자주성을 확립하고 백제와의 나제동맹을 체결함으로써 독자적인 외교 노선을 구축했어요. 그의 노력은 신라가 중앙집권 체제를 더욱 공고히 하고, 훗날 삼국통일(三國統一)을 달성할 수 있는 중요한 발판을 마련해 준 것으로 평가되어요.

10. 김습보 金習寶

九世　子訥祗王（지눌왕）
　　　子卜好（복호）
　　　子末斯欣（말사흠）

十世　子習寶（습보）
　　　追封葛文王一云斯宝
　　　世系作期宝訥祗王之
　　　弟云
　　　妃烏生夫人訥祗王女

十一世　子智證王（지증왕）
　　　諱智大路一作考督
　　　元二庚辰年立梁太
　　　甲午薨在位十五年
　　　定國号新羅及諡法

출처: 경주김씨족보

김습보(金習寶)는 경주김씨(慶州金氏) 10세손으로 그의 아버지는 김복호(金卜好)이고, 아들은 신라 제22대 지증왕(智證王)이에요. 후에 습보갈문왕(習寶葛文王)으로 추봉되었어요. 김습보는 신라 왕족으로 신라 왕실의 중요한 인물이에요. 김습보는 비록 왕위에는 오르지 않았지만, 신라의 왕실 계보에서 매우 중요한 인물이에요. 아버지 김복호는 내물마립간(奈勿麻立干)과 보반부인(保反夫人) 김(金)씨 사이에서 태어난 아들이자 눌지마립간(訥祇麻立干)의 동생이에요. 김습보의 부인 조생부인(鳥生夫人) 김씨는 신라 제19대 눌지마립간의 딸이에요.

자비마립간(慈悲麻立干)은 신라(新羅) 제20대 왕으로 458년부터 479년까지 21년간 재위했어요. 본명은 김자비(金慈悲)이며, 아버지인 신라 제19대 눌지마립간(訥祇麻立干)의 승하(昇遐) 후 부자상속제(父子相續制)의 원칙에 따라 왕위를 계승했어요. 어머니는 신라 제18대 실성마립간의 딸 아로부인(阿老夫人) 김씨예요. 그는 숙부 김미사흔의 딸을 왕비로 맞이해 훗날 왕이 되는 신라 제21대 소지마립간(炤知麻立干)을 두었어요.

자비마립간의 치세는 왜(倭)의 잦은 침략과 고구려(高句麗) 장수왕(長壽王)의 남진 정책으로 인해 국가 안보가 크게 위협받던 시기였어요. 이에 그는 국방력을 대폭 강화하고 내부 체제를 정비하는 데 통치 역량을 집중했어요.

끊임없는 외적의 위협과 방어 노력으로 자비마립간은 재위 기간 내내 왜와 고구려의 공격에 맞서 신라를 지켜야 했어요. 459년, 왜는 전함 100여 척으로 동쪽 해안을 침범하고 월성(月城)을 포위했으나, 신라군이 성공적으로 방어하고 후퇴하는 왜군을 추격하여 큰 승리를 거두었어요.

463년, 왜군의 삽량성(歃良城) 공격 때는 벌지(伐智)와 덕지(德智)가 이끄는 신라군이 매복 작전으로 왜군을 대파했어요. 잦은 침략에 대비하여 463년 해안 지역에 성을 쌓고 전함을 정비하는 등 국방 태세를 강화했어요.

468년, 고구려가 말갈(靺鞨)과 함께 실직성(悉直城)을 침공하자, 고구려의 남하를 저지하기 위해 하슬라 지역 남성을 동원해 니하(泥河)에 성을 쌓아 방비했어요. 474년, 고구려 장수왕이 백제의 수도 한성(漢城)을 공격하자, 나제동맹(羅濟同盟)에 따라 백제 개로왕(蓋鹵王)의 원병 요청에 즉시 군사를 파견했어요. 비록 지원군 도착 전에 한성이 함락되었지만, 이는 동맹의 실질적 기능을 보여주었어요.

군사 방어 시스템 강화와 행정 정비로 자비마립간은 외세 침략에 맞서 대규모 축성 사업을 벌이고 내부 통치 체제를 정비했어요. 국방 강화를 위해 대대적인 토목공사를 시행했어요. 470년에 착공한 삼년산성(三年山城)을 3년간의 공사 끝에 완공했어요. 471년 모로성(芼老城)을 비롯하여 474년에는 일모성(一牟城), 사시성(沙尸城) 등 여러 성을 연이어 건설했어요. 이는 당시 신라의 조직적인 인력 동원 능력과 지방 통치 능력을 증명해요.

469년, 수도 금성(金城)의 행정구역을 방(坊)과 리(里)로 세분화하여 통치 체제를 정비했어요.

473년, 벌지(伐智)와 덕지(德智)를 각각 좌장군(左將軍)과 우장군(右將軍)으로 임명하며 군사 지휘 체계를 강화했어요.

475년에는 왕궁을 월성(月城)에서 명활성(明活城)으로 옮겨 명활성이 일시적으로 신라의 왕성 역할을 했어요.

자비마립간은 479년 봄에 승하(昇遐)했고, 뒤를 이어 첫째 아들 김소지(金炤知)가 신라 제21대 소지마립간(炤知麻立干)으로 즉위했어요.

그의 통치 기간에 신라는 외적의 위협에 끊임없이 시달렸지만, 국방 강화와 행정 체계 정비에 힘씀으로써 이후 소지마립간, 지증왕, 법흥왕 시기를 거쳐 신라가 고대 국가로 발전하는 중요한 토대를 마련했어요.

그의 재위 기간에 신라가 중국(中國)의 오(吳)나라와 처음으로 교류했다는 기록은 신라가 국제적인 관계를 확장하기 시작했음을 보여주는 중요한 사실이에요.

자비마립간은 외부의 위협 속에서도 왕권 강화와 국가 체제 정비를 통해 신라가 삼국통일(三國統一)의 기반을 다지는 데 크게 이바지한 왕으로 평가받아요.

11. 지증왕 智證王

十世　子習寶（습보）
追封葛文王一云斯寶
世系作期寶韵祇王之
弟云
妃烏生夫人韵祇王女

十一世　子智證王（지증왕）
諱智大路一作考譬
元二庚辰年立梁太
甲午薨在位十五年
定國号新羅及謚法

十二世　子法興王（법흥왕）
子立宗（입종）
子眞宗（진종）

출처:경주김씨족보

김지대로(金智大路)는 지증왕(智證王)의 본명이며 경주김씨(慶州金氏) 11세손으로 그의 아버지는 김습보(金習寶)이고, 아들은 법흥왕(法興王) 김원종(金原宗), 김입종(金立宗), 김진종(金眞宗) 이에요.

소지마립간(炤知麻立干)은 신라(新羅) 제21대 왕으로 479년부터 500년까지 21년간 재위했어요. 본명은 김소지(金炤知) 또는 김비처(金毗處)이며, 아버지인 신라 제20대 자비마립간(慈悲麻立干)의 뒤를 이어 왕위에 올랐어요. 그는 마립간(麻立干)이라는 왕호를 사용한 마지막 왕이에요. 그는 이벌찬(伊伐湌) 김내숙(金乃宿)의 딸인 선혜부인(善兮夫人) 김씨를 왕비로 맞이했어요.

소지마립간은 재위 기간 내내 고구려와 왜의 끊임없는 침략에 맞서면서도, 국가 체제를 정비하고 왕권을 강화하여 신라가 고대 국가로 성장하는 중요한 기틀을 확립했어요.

소지마립간의 치세는 고구려(高句麗)의 남진 정책과 왜(倭)의 침략에 대응하기 위해 나제동맹(羅濟同盟)을 공고히 하는 데 집중되었어요.

481년, 고구려와 말갈(靺鞨) 연합군이 호명성(狐鳴城) 등 7개 성을 점령하고 남하했으나, 신라는 백제(百濟) 및 가야(伽耶)와 연합하여 이들을 크게 격퇴했어요.

484년, 고구려가 다시 침공했을 때도 신라는 백제군과 함께 고구려군을 물리쳤어요. 493년, 백제 동성왕(東城王)의 혼인 요청에 이벌찬 비지(比智)의 딸을 보내 혼인 동맹을 맺어 양국 관계를 더욱 굳건히 했어요.

495년, 고구려가 백제의 치양성(雉壤城)을 공격하자 장군 덕지(德知)를 보내 백제를 지원하는 등 나제동맹을 실질적으로 이행했어요.

왜 또한 482, 486, 497년 등 신라를 지속적으로 위협했으며, 이에 소지마립간은 임해진(臨海鎭)과 장령진(長嶺鎭)을 설치하는 등 외세 방어책 마련에 주력했어요.

소지마립간은 외부 위협에 대응하는 동시에 내부 행정 체제를 혁신하고 왕권을 상징적으로 강화했어요. 487년, 신라 시조 박혁거세 거서간(朴赫居世居西干)이 태어난 나을(蘿乙)에 신궁(新宮)을 세워 김(金)씨 왕실의 권위를 확고히 하고 왕권 강화를 도모했어요. 488년, 왕궁을 명활성(明活城)에서 원래의 월성(月城)으로 다시 옮겼어요. 전국 각지에 역참(驛站)을 설치하고 관도(官道)를 보수하여 교통과 통신을 원활하게 했어요. 490년, 수도 금성(金城)에 시장을 처음으로 개설하여 물자 유통을 촉진했어요.

이찬 실죽(實竹)을 장군으로 임명하고, 삼년성(三年城)과 굴산성(屈山城)을 보수하는 한편, 도나성(刀那城), 비라성(鄙羅城) 등 여러 성을 다시 쌓아 국경 방비를 강화했어요.

소지마립간은 잦은 자연재해 속에서도 백성들의 삶을 직접 살피고 구휼하는 데 힘쓴 성군(聖君)으로 칭송받았어요. 480년 가뭄 때 창고를 열어 곡식을 풀고, 483년 큰 홍수 때 직접 피해 지역을 순행(巡幸)하며 백성들을 위로했어요. 488년에는 일선군(一善郡)을 방문하여 홀아비, 과부 등 어려운 백성들을 구휼했으며, 492년 가뭄 때는 자신의 식사량을 줄이며 솔선수범하는 모습을 보였어요.

그의 재위 기간에 아도(阿道) 화상(和尙)이 일선군에 와서 불경을 강독하는 등 민간에서 불교가 조용히 전파되고 있었음을 보여주는 기록이 남아있어요.

488년 천천정에서 쥐, 까마귀, 돼지와 관련된 신비로운 사건이 발생했는데, 왕이 "거문고 갑을 쏘라"라는 글에 따라 행동하여 궁주(宮主)와 승려의 간통 사실을 밝혀냈어요. 이 사건 이후 정월대보름을 오기일(烏忌日)로 정하고 찰밥으로 제사를 지내는 풍속이 생겨났어요.

소지마립간은 500년 겨울에 승하(昇遐)했어요. 왕위를 이을 후사가 없었기 때문에, 내물마립간의 증손자이자 6촌 관계인 김지대로(金智大路)가 왕위를 이어 신라 제22대 지증왕(智證王)으로 즉위했어요.

소지마립간은 '마립간(麻立干)'이라는 왕호를 사용한 마지막 왕이며, 그의 뒤를 이은 지증왕부터 왕의 칭호가 '왕(王)'으로 바뀌면서 신라 역사에서 중요한 전환점을 마련했어요. 그는 외부의 위협을 막아내고 중앙집권적 국가 체제의 기틀을 다진 중요한 왕으로 평가받아요.

지증왕(智證王)은 신라(新羅) 제22대 왕으로 500년부터 514년까지 14년간 재위했어요. 본명은 김지대로(金智大路)이며, 김지도로(金智度路) 또는 김지철로(金智哲老)로도 불려요. 그는 신라 제17대 내물마립간(奈勿麻立干)의 증손자이자 습보갈문왕(習寶葛文王) 김습보(金習寶)의 아들로, 늦은 나이에 즉위했어요. 그의 통치는 신라가 고대 중앙집권 국가로 도약하는 데 결정적인 토대를 마련했어요.

지증왕의 가장 중요한 업적 하나는 신라의 국가 정체성을 대내외에 공표한 것이에요. 재위 초기에는 마립간(麻立干) 칭호를 사용했으나, 503년부터는 중국식 왕호인 '왕(王)'을 사용하며 '신라국왕(新羅國王)'으로 자칭했어요. 그는 신라 왕 중 최초로 시호(諡號)를 사용했다는 점에서 왕권 강화와 왕실의 위상을 높이는 데 큰 의미가 있어요.

503년, 이전까지 사로(斯盧), 계림(鷄林) 등으로 혼용되던 국가의 명칭을 '신라(新羅)'로 최종으로 확정했어요. 이 국호는 '덕업이 날로 새로워지고(新), 사방을 망라한다(羅)'라는 뜻을 담아 국가의 지향점을 명확히 했어요.

지증왕은 늦은 나이에 즉위했음에도 불구하고 활발하고 문명적인 개혁을 추진했어요.

502년, 사람을 산 채로 묻는 잔혹한 풍습인 순장(殉葬) 제도를 금지했어요. 이는 인권을 존중하는 조치였을 뿐만 아니라, 부족한 노동력을 확보하여 농업 생산성을 높이는 데 이바지했어요.

소를 이용해 밭을 가는 우경(牛耕)을 널리 보급하여 농업 생산력을 크게 증대시키고, 신라의 경제적 안정과 인구 성장의 토대를 마련했어요.

504년, 상복법(喪服法)을 제정하고 선박 이용을 장려했어요. 505년, 전국을 주(州), 군(郡), 현(縣)으로 나누는 지방 행정 제도를 확립하고 군주(軍主)를 파견하여 중앙정부의 통제력을 강화했어요. 이는 지방 세력을 약화하고 중앙집권 체제를 공고히 하는 핵심 과정이었어요.

509년에는 수도 금성(金城)에 동시(東市)라는 시장을 개설하고 이를 감독하는 동시전(東市典)을 두어 상업 활동을 관리했어요.

지증왕은 군사 및 외교적 성과를 통해 신라의 영토를 크게 확장했어요.

512년, 장군 이사부(異斯夫)를 보내 울릉도(鬱陵島)의 우산국(于山國)을 신라 영토로 복속시켰어요. 이는 지증왕 재위 중 가장 큰 성과로, 독도가 우리 영토임을 증명하는 중요한 역사적 근거가 되어요.

파리성(波里城), 미실성(彌實城) 등 12개의 성을 축조하여 국방을 강화했으며, 특히 실직주(悉直州)를 설치하고 이사부를 군주로 임명하여 전략적 요충지에 대한 통제를 강화했어요.

514년, 아시촌(阿尸村)에 소경(小京)을 설치하고 주민들을 이주시켜 수도 기능을 보완하고 지역 균형 발전을 꾀했어요.

지증왕은 514년에 승하(昇遐)했으며, 그의 첫째 아들 김원종(金原宗)이 신라 제23대 법흥왕(法興王)으로 즉위했어요.

지증왕의 통치 시기는 신라가 부족 연맹 국가의 한계를 완전히 벗어나 강력한 중앙집권 국가로 발돋움하는 결정적인 전환점이었어요. 그는 순장 금지, 우경 보급, 국호와 왕호 확정, 지방 제도 개편 등 다채로운 개혁을 통해 신라의 기초 체제를 견고히 다졌으며, 이는 이후 법흥왕과 진흥왕 시대의 영토 확장과 전성기를 위한 확고한 기반이 되었어요.

12. 김진종 金眞宗

十一世

子智證王 지증왕
諱智大路一作智度
元二庚辰年立梁太
甲午薨在位十五年
定國号新羅及謚法

十二世

子法興王 법흥왕
子立宗 (입종)
子眞宗 (진종)

十三世

子欽運 (흠운)
欽一作歆官角干贈一
吉湌唐高宗永徽六年
以郎嵯大監死節於百
濟陽山下即太宗王乙

출처:경주김씨족보

김진종(金眞宗)은 경주김씨(慶州金氏) 12세손으로 그의 아버지는 지증왕(智證王)이고, 어머니는 이찬(伊湌) 박등흔(朴登欣)의 딸 연제부인(延帝夫人) 박(朴)씨예요. 아들은 김흠운(金欽運)이에요. 형으로는 법흥왕(法興王) 김원종(金原宗)과 김입종(金立宗)이 있어요. 누나로는 김어사추(金於史鄒)가 있어요. 김진종 자체의 정치적 활동에 대한 구체적인 기록은 많지 않으나, 그의 존재는 다음과 같은 중요한 의미를 지녀요. 지증왕-법흥왕-진흥왕으로 이어지는 신라의 전성기 진골(眞骨) 왕실의 핵심 구성원이에요. 아들 김흠운이 황산벌 전투에서 활약한 화랑이라는 점에서, 신라의 군사 및 화랑 제도와 연결된 중요한 위치를 차지해요.

법흥왕(法興王)은 신라(新羅) 제23대 왕으로 514년부터 540년까지 26년간 재위했어요. 본명은 김원종(金原宗)이며, 신라 제22대 지증왕(智證王)의 첫째 아들이에요. 그는 아버지의 뒤를 이어 신라의 중앙집권적 고대 국가 기틀을 완성하는 데 결정적인 역할을 했어요. 특히, 신라 왕 중 처음으로 독자적인 연호를 사용했어요.

법흥왕은 왕권을 강화하고 국가 통치 체제를 정비하기 위해 일련의 핵심 개혁을 단행했어요. 520년, 신라 최초의 성문법인 율령(律令)을 반포하여 법적 체계를 확립하고 국가 통치의 효율성을 높였어요.

이와 함께 백관의 공복(公服)을 제정하여 관등에 따라 복색을 자색(紫色, 자주색)은 이벌찬(伊伐湌)에서 아찬(阿湌), 비색(緋色, 붉은색)은 대아찬(大阿湌)에서 급찬(級湌), 청색(靑色, 푸른색)은 대나마(大奈麻)에서 나마(奈麻), 황색(黃色, 노란색)은 대사(大舍)에서 조위(造位) 등으로 구분했어요. 이는 엄격한 신분 질서를 확립하고 관료 체계를 정비하는 데 이바지했어요.

517년, 신라 최초의 중앙 군사 기관인 병부(兵部)를 설치하고 영(令)을 두어 군사권을 왕이 직접 장악하는 중앙집권화의 중요한 조처를 했어요. 또한, 각 군영을 감독하고 지휘할 감사지(監舍知)와 군사당주(軍師幢主)를 임명했어요.

531년, 귀족 세력을 견제하고 국정 전반을 총괄하게 할 상대등(上大等) 직위를 신설하고, 이찬 철부(哲夫)를 초대 상대등으로 임명했어요.

536년, 신라 역사상 최초로 독자적인 연호인 '건원(建元)'을 사용하여 강화된 왕권을 대외적으로 과시하고 신라가 중국과 대등한 독립 국가임을 천명했어요.

법흥왕은 불교(佛敎)를 공인함으로써 신라의 이념적 기반을 다지고 왕권을 신성화했어요. 528년, 귀족들의 반대에도 불구하고 이차돈(異次頓)의 순교(殉敎)로 인하여 불교를 국교로 공인했어요. 이는 신라 사회의 이념적 통합을 가져왔고, 불교의 절대적인 교리를 통해 왕권을 신성하게 만들고 왕실의 권위를 높이는 데 크게 이바지했어요.

법흥왕은 불교를 깊이 숭상하여 529년에 살생을 금지하는 명령을 내렸어요.

법흥왕은 외교와 군사 활동을 통해 신라의 영토를 확장하고 낙동강 유역에 대한 지배력을 확보했어요.

532년, 금관가야(金官伽倻)의 구해왕(仇亥王)이 세 아들과 함께 신라에 항복하자, 법흥왕은 그에게 옛 땅을 식읍(食邑)으로 주고 상등(上等)의 지위를 부여하며 우대했어요. 이로써 낙동강 하류 지역을 확보했어요. 같은 해, 군대를 동원하여 아라가야를 정벌하고 그 지역에 군(郡)을 설치했어요.

521년, 중국 양(梁)나라에 사신을 파견하여 외교 관계를 맺었으며, 522년에는 가야국 왕의 혼인 요청을 수락하여 이찬 비조부(比助夫)의 누이를 보내 혼인 동맹을 맺었어요. 524년에는 사벌국(沙伐國) 지역에 사벌주(沙伐州)를 설치하고 군주를 임명하여 지방 통제를 강화했어요.

법흥왕은 540년 가을에 승하(昇遐)했어요. 그의 시호는 법흥(法興)이며, 현재 경주시 효현동의 법흥왕릉(法興王陵)이 사적 제176호로 지정되어 있어요.

왕위를 이을 후사가 없었으므로, 그의 딸 지소부인(只召夫人)과 동생 입종갈문왕(立宗葛文王) 사이에서 태어난 외손자이자 조카인 김삼맥종(金彡麥宗)이 신라 제24대 진흥왕(眞興王)으로 즉위했어요.

법흥왕은 율령 반포, 병부 설치, 상대등 신설, 불교 공인 등 일련의 개혁을 통해 신라를 부족 연맹체에서 강력한 중앙집권적 고대 국가로 발전시킨 완성자예요. 이러한 확고한 기반은 이후 진흥왕이 신라의 전성기를 열고 삼국통일(三國統一)의 토대를 마련하는 데 결정적인 역할을 했어요.

13. 김흠운 金欽運

十二世

子法興王（법흥왕）
子立宗（입종）
子眞宗（진종）

十三世

子欽運（흠운）
欽一作歆官角干贈一
吉湌唐高宗永徽六年
以郎倅大監死節於百
濟陽山下即太宗王乙

十四世

子摩次（마차）
官匝干

출처:경주김씨족보

김흠운(金欽運)은 경주김씨(慶州金氏) 13세손으로 그의 아버지는 김진종(金眞宗)이고, 아들은 김마차(金摩次)예요. 김흠운은 원성왕(元聖王)의 직계 조상으로, 신라 왕실의 혈통을 이어주는 중요한 인물이에요. 그는 김진종의 아들로서 내물마립간(奈勿麻立干)과 지증왕(智證王)의 후손이며, 후에 원성왕으로 이어지는 신라 왕실의 한 계보를 형성하는 핵심 인물이에요. 김흠운은 신라 왕족 출신으로 일길찬(一吉湌) 벼슬을 역임했으며, 용맹, 우애 등 덕목을 실천하였어요.

진흥왕(眞興王)은 신라(新羅) 제24대 왕으로 540년부터 576년까지 36년간 재위했어요. 본명은 김삼맥종(金彡麥宗) 또는 김심맥부(金深麥夫)이며, 개국(開國), 대창(大昌), 홍제(鴻濟) 등 여러 독자 연호(年號)를 사용했어요. 그는 백부(伯父)이자 외조부였던 신라 제23대 법흥왕(法興王)의 뒤를 이어, 신라의 전성기를 이끌고 삼국통일(三國統一)의 결정적인 기반을 마련한 위대한 왕으로 평가되어요.

진흥왕은 왕위에 오른 후 신라의 국력을 크게 신장시키며 대외 정복 활동을 활발하게 펼쳤어요. 재위 초기에는 백제와 동맹을 맺고 고구려에 맞섰어요. 그러나 550년, 백제와 고구려가 도살성(道薩城)과 금현성(金峴城)을 두고 싸우는 틈을 타 이사부(異斯夫)를 시켜 두

성을 모두 빼앗았어요.

551년, 거칠부(居柒夫)에게 고구려를 공격하게 하여 10개의 군(郡)을 점령했어요. 이후 동맹국인 백제의 영토인 한강 하류 지역까지 장악하여 한강 유역 전체를 신라의 영역으로 편입했어요.

한강 유역은 비옥한 농경지, 풍부한 인구, 그리고 중국(中國)과의 해상 교역로를 확보할 수 있는 전략적 요충지였으며, 신라의 국력을 한 단계 끌어올리는 계기가 되었어요.

554년, 한강 유역 상실에 분노한 백제 성왕(聖王)이 신라의 관산성(管山城)을 공격했어요. 그러나 신라군 장수 김무력(金武力)에게 대패하고 성왕도 전사했어요. 이 사건으로 백제와 신라의 관계는 극도로 악화했어요.

562년, 가야 연맹의 맹주였던 대가야(大加耶)를 정복하여 완전히 신라에 편입시키고, 이로써 낙동강 유역 전체를 신라의 영역으로 만들었어요.

정복한 영토를 직접 순수(巡狩)하며 순수비(巡狩碑)를 세워 영토 확장의 업적을 기념하고 정복지 백성들을 교화했어요. 주요 순수비로는 555년에 북한산, 561년에 창녕, 568년에 황초령, 마운령 등이 있으며, 이 비석들은 신라의 영토 범위와 통치 체제를 알려주는 중요한 사료예요.

진흥왕은 대외 정복과 함께 내정 개혁과 문화 진흥에도 힘썼어요. 영토 확장에 맞춰 완산주(完山州), 비열홀주(比列忽州), 남천주(南川州) 등 주(州)와 군(郡)을 설치와 폐지하며 행정구역을 지속적으로 재정비했어요. 557년에는 옛 고구려 땅인 국원성(國原城)을 소경(小京)으로 만들어 지역 거점으로 삼았어요.

이사부(異斯夫)를 병부령(兵部令)으로 임명하고, 중앙군인 대당(大幢)을 비롯하여 전국을 6개로 구분하는 '6정(六停)' 군사 체계를 확립하여 왕의 군사 통제력을 높였어요.

565년에 행정 감독을 강화하기 위해 집사부(執事部)의 선행기관(先行機關)인 품주(稟主)를 설치했어요.

법흥왕에 이어 불교를 적극적으로 장려하여 중앙집권 체제를 이념적으로 뒷받침했어요. 544년에 흥륜사(興輪寺)를 완공하고, 553년에는 국가의 위상을 상징하는 대규모 사찰인 황룡사(皇龍寺) 건설을 시작하여 566년에 완성했어요.

불교 교단을 국가 행정 체계에 편입시키기 위해 국통(國統), 주통(州統), 군통(郡統) 등의 승관(僧官) 제도를 신설하고, 고구려에서 온 혜량(惠亮)을 초대 국통으로 임명했어요.

화랑도(花郞徒)는 처음에는 원화(源花) 제도에서 시작되었으나, 이후 아름다운 남자를 선발해 '화랑(花郞)'이라 칭하고 젊은이들이 모여 인격을 수양하고 무예를 연마하도록 독려했어요. 화랑도는 이후 삼국통일(三國統一)의 주역을 배출하는 국가적인 인재 양성 제도로 발전했어요.

545년, 이사부의 제안을 받아들여 대아찬 거칠부(居柒夫)에게 『국사(國史)』를 편찬하도록 명했어요. 이는 왕권 강화와 국가의 정체성 확립에 중요한 역할을 했어요.

한강 유역 확보 후 중국 남북조 국가들과 활발한 해상 교류를 펼쳤으며, 가야 출신 음악가 우륵(于勒)을 받아들이고 제자들을 보내 음악을 배우게 하는 등 문화 발전에도 힘썼어요.

그는 말년에 머리를 깎고 법운(法雲)이라는 법명을 얻어 불교에 귀의했으며, 왕비 역시 출가했어요.

진흥왕은 576년 가을에 승하(昇遐)했으며, 현재 경주시 서악동의 진흥왕릉(眞興王陵)에 묻혔어요.

첫째 아들 김동륜(金銅輪)이 요절하자, 둘째 아들 김사륜(金舍輪)이 왕위를 계승하여 신라 제25대 진지왕(眞智王)이 되었어요.

진흥왕은 어머니의 섭정을 거쳐 친정을 시작한 후, 적극적인 영토 확장과 내정 개혁을 추진하여 신라를 삼국 중 가장 강력한 국가로 성장시켰어요. 그의 업적은 신라가 삼국을 통일하는 데 결정적인 초석이 되었어요.

14 김마차 金摩次

十三世	十四世	十五世
子欽運(흠운) 欽一作歆官角干贈一吉湌唐高宗永徽六年以郎幢大監死節於百濟陽山下即太宗王乙	子摩次(마차) 官匝干	子法宣(법선) 官阿干追封玄聖王 金神文王配

출처:경주김씨족보

김마차(金摩次)는 경주김씨(慶州金氏) 14세손으로 그의 아버지는 김흠운(金欽運)이고, 아들은 김법선(金法宣)이에요. 김마차는 신라 왕족으로 원성왕(元聖王)의 직계 조상이에요. 김마차는 잡찬(迊湌)의 관등(官等)을 지냈어요. 김마차가 지낸 잡찬 관등은 신라의 17관등 중 세 번째로 높은 관등이며, 오직 진골(眞骨) 신분만이 오를 수 있는 최고위 관직이에요. 이는 김마차가 당대 신라 왕실 내에서 매우 확고하고 강력한 세력을 가진 귀족이었음을 증명해요. 김마차의 아버지가 삼국통일에 기여한 김흠운이었고, 그의 고손자가 훗날 신라를 이끄는 원성왕이 되었다는 점에서, 김마차 가문은 신라 중대 말기부터 하대 초기에 걸쳐 꾸준히 명맥을 이어온 핵심 종실 가문이라 할 수 있어요.

진지왕(眞智王)은 신라(新羅) 제25대 왕으로 576년부터 579년까지 3년의 짧은 기간 재위했어요. 본명은 김사륜(金舍倫) 또는 김금륜(金金輪)이며, 신라 제24대 진흥왕(眞興王)의 둘째 아들이에요. 원래 왕위를 이을 예정이었던 형 김동륜(金銅輪)이 572년에 요절하면서 진흥왕의 뒤를 잇게 되었어요.

진지왕은 지도부인(知道夫人) 박씨를 왕비로 맞았으며, 이들 사이에서 태어난 아들 김용춘(金龍春)은 훗날 태종무열왕(太宗武烈王) 김춘추(金春秋)의 아버지가 되어요. 이로써 진지왕은 신라 중대(中代)를 여는 무열왕계(武烈王系) 왕실의 시조라는 역사적 의의를 지녀요.

진지왕은 짧은 재위 기간에도 불구하고 왕권 안정을 위한 노력과 군사적 활동을 수행했어요.

즉위 직후 이찬 거칠부(居柒夫)를 상대등(上大等)으로 임명하여 국정을 총괄하게 했어요. 또한, 불경 간행 등 문화 진흥에도 관심을 보였어요. 577년에는 제사를 신궁(新宮)에서 지냈으며, 사면을 단행하여 민심을 수습하려 했어요.

577년, 재위 기간 중 백제가 신라를 침공하자, 이찬 김세종(金世宗)에게 군사를 주어 출전시켰어요. 신라군은 일선 북쪽에서 백제군을 크게 격파하고, 내리서성(內里西城)을 축조하며 국방력을 크게 강화했어요.

578년 남조(南朝) 진(陳)나라에 사신을 파견하여 외교 관계를 수립하여, 백제와 고구려를 견제했어요. 같은 해 백제를 공격하여 알야산성(閼也山城)을 점령하는 군사적 성과를 거두기도 했어요.

그러나 579년, 백제가 융현성(融峴城)과 송술성(松述城)을 축조하며 신라의 서북부 지역으로 향하는 길목을 차단하는 등 전략적 압박을 가해 진지왕 재위 말년의 어려움을 보여주었어요.

진지왕의 재위 말년과 죽음에는 논란과 흥미로운 설화가 얽혀 있어요. 일부 기록에 따르면, 진지왕이 사치와 방탕에 빠져 정사를 돌보지 않아 나라가 혼란에 빠졌고, 결국 신하들과 백성들에 의해 폐위되었다고 전해져요. 이 기록은 진지왕이 승하 전에 왕위에서 물러났음을 시사해요.

미륵선화(彌勒仙花)의 화신으로 여겨진 미시랑(未尸郎)을 국선으로 임명하여 신라의 정신적 기반인 화랑도의 풍류의 도(風流之道)를 확산시키는 데 이바지했어요.

진지왕은 579년 가을에 승하(昇遐)했어요. 그의 무덤은 경주 서악동에 있으며 사적 제517호 진지왕릉(眞智王陵)이에요.

진지왕이 승하한 뒤에는 그의 조카이자 형인 김동륜(金銅輪)의 아들 김백정(金白淨)이 왕위에 올라 신라 제26대 진평왕(眞平王)이 되었어요.

진평왕의 직계 선덕여왕과 진덕여왕이 왕위를 잇다가, 진덕여왕 승하 후 왕위가 진지왕의 손자인 김춘추(金春秋)에게로 왕위가 넘어갔어요. 이후 김춘추부터 신라 중대의 마지막 왕까지 진지왕의 후손들이 왕위를 독점적으로 계승하게 되어요.

진지왕이 승하(昇遐)한 뒤, 그의 혼이 아름다운 여인 도화(桃花)에게 나타나 7일 동안 머물렀고, 그 결과 비형(鼻荊)이라는 아들이 태어났다는 설화가 전해져요. 비형은 귀신을 부리는 능력을 지녔다고 하며, 이 설화는 신라 왕실의 신성성과 신비주의를 보여줘요.

비록 짧은 재위 기간이었지만, 진지왕은 진흥왕의 업적을 계승하고 태종무열왕 계보의 시조로서 이후 신라 통일의 기반이 되는 왕실의 안정적인 권력 승계에 이바지했다는 점에서 중요한 의미를 지녀요.

15 김법선 金法宣

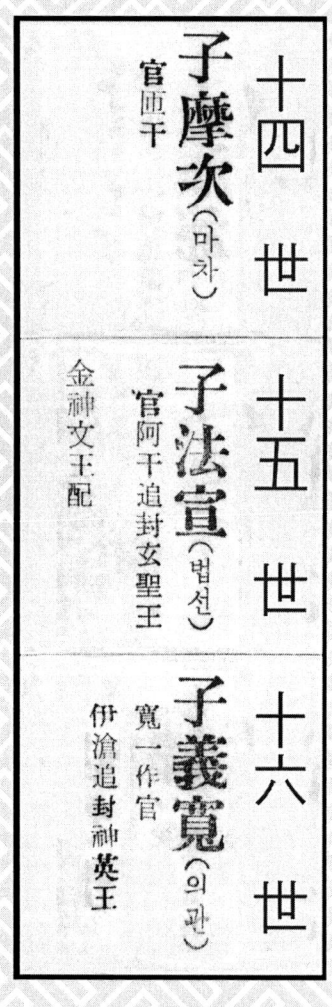

출처:경주김씨족보

김법선(金法宣)은 경주김씨(慶州金氏) 15세손으로 그의 아버지는 김마차(金摩次)이며, 아들은 김의관(金義寬)이에요. 신라 원성왕(元聖王)의 직계 선조로, 사후에 왕으로 추존된 인물이에요. 그는 왕족 출신으로, 생전에는 5등급 관위인 대아찬(大阿飡)을 역임했어요. 김법선은 직접 왕위에 오르지는 못했지만, 원성왕이 왕위에 오른 후 그의 조상으로서 현성대왕(玄聖大王)이라는 시호(諡號)를 받고 왕으로 추존되었어요. 이러한 추존은 그의 혈통이 왕실 내에서 높은 위상을 차지했음을 보여주는 중요한 역사적 사실이에요.

진평왕(眞平王)은 신라(新羅) 제26대 왕으로 579년부터 632년까지 무려 53년이나 되는 오랫동안 재위했어요. 본명은 김백정(金白淨)이며, 신라 제24대 진흥왕(眞興王)의 첫째 아들인 김동륜(金銅輪)의 아들이에요. 숙부 진지왕(眞智王)이 폐위된 이후에 왕위에 올랐으며, 홍제(鴻濟)와 건복(建福)이라는 두 가지 연호(年號)를 사용했어요. 특히 '건복'이라는 연호는 50년 이상 사용되어 그의 긴 통치 기간을 상징해요.

진평왕은 왕권을 강화하고 체계적인 행정 시스템을 구축하여 신라가 삼국 경쟁에서 주도권을 잡고 삼국통일(三國統一)의 기반을 닦는 데 결정적인 역할을 했어요.

진평왕의 즉위는 진지왕의 폐위 및 의문스러운 죽음 이후 이루어졌으며, 왕실 내의 정치적 불안정을 극복하는 과정이었어요. 진지왕이 재위 3년 만에 승하(昇遐) 또는 폐위하자, 그의 아들 대신 조카인 진평왕이 왕위를 이었어요. '정란(政亂)'과 '황음(荒淫)'을 이유로 진지왕이 폐위되었다는 기록과 진평왕이 '천사옥대(天賜玉帶)'를 받았다는 설화는 당시 왕위 교체 과정에 정치적 갈등과 정통성 확보 노력이 있었음을 시사해요.

즉위 원년인 579년, 이찬 김노리부(金弩里夫)를 상대등(上大等)으로 임명하며 국정 실권을 장악했어요. 또한, 친동생인 김백반(金伯飯)과 김국반(金國飯)을 갈문왕(葛文王)으로 책봉하여 왕실의 위상을 높였어요.

사냥을 즐기던 왕에게 병부령 김후직(金后稷)이 죽기 전까지 간언하다가, 사후에 자신의 뼈를 갈아 왕의 사냥길에 뿌려달라는 유언을 남겨 왕이 사냥을 중단했다는 일화는 왕의 어진 마음과 신하의 충심을 보여줘요.

진평왕은 장기 집권의 기반을 마련하기 위해 행정 조직을 세분화하고 군사력을 확충했어요. 전문 행정 기구를 설립했는데, 581년, 관리 인사 담당 위화부(位和府)를, 584년, 조세 및 부역 담당 조부(調府)를, 왕실 행렬 담당 승부(乘府)를, 586년, 문교 및 의례 담당 예부(禮部)를, 591년, 외교 업무 담당 영객부(領客府)를 설치했어요. 이러한 행정 기구의 전문화는 중앙집권적 통치 효율성을 크게 높였어요.

왕권의 군사적 기반을 확고히 하기 위해 583년 서당(誓幢)과 625년 낭당(郎幢)을 창설했어요. 이 두 부대는 훗날 중앙군 9서당(九誓幢)의 핵심으로 발전했어요.

군사 조직을 확충했는데, 591년 사천당(四天幢), 604년 군사당(軍師幢), 605년 급당(級幢) 등 여러 군사 조직을 신설하여 국방력을 강화했어요.

진평왕 치세는 백제와 고구려의 끊임없는 공격에 맞서 국토를 수호하고, 대중국 외교를 강화하여 삼국의 주도권을 확보하려던 시기였어요.

602년 백제 무왕의 모산성(母山城) 공격을 격퇴했으나, 608년 가잠성(椵岑城)을 빼앗기는 등 치열하게 공방했어요. 623년부터는 백제의 대규모 공격에 시달리며 일부 성을 상실하기도 했어요.

603년 고구려의 북한산성 공격을 왕이 직접 군사를 이끌고 나가 격퇴했어요. 629년에는 김용춘(金龍春)을 대장군(大將軍) 김유신(金庾信)을 부장군(副將軍)으로 삼아 고구려의 낭비성(娘臂城)을 점령하는 큰 승리를 거두었어요.

대중국 외교 강화를 위해 수(隋)와 당(唐)나라에 사신을 거의 매년 파견하며 우호 관계를 유지했어요.

594년, 진평왕은 수나라로부터 '상개부낙랑군공신라왕(上開府樂浪郡公新羅王)' 직위를 받았어요.

608년, 승려 원광(圓光)에게 '걸사표(乞師表)'를 짓게 하여 수나라에 고구려 공격을 요청했고, 이는 612년 수 양제(煬帝)의 고구려 침략에 영향을 끼쳤어요.

당 건국 후에도 624년 당 고조(高祖)로부터 '주국낙랑군공신라왕(柱國樂浪郡公新羅王)'으로 책봉되는 등 당을 이용하여 고구려를 견제하는 전략을 펼쳤어요.

591년 남산성(南山城)을 축조하고, 명활성(明活城), 서형산성(西兄山

城)을 보수하는 등 성곽 방어를 강화했어요.

진평왕은 불교를 진흥시키고 여왕(女王)에게 왕위를 물려주는 파격적인 결정을 내렸어요.

유학승 지명(智明), 원광(圓光), 담육(曇育) 등의 활발한 활동을 지원하며 불교 발전에 이바지했어요. 특히 원광은 걸사표를 지어 외교에 공헌했어요. 584년 황룡사(皇龍寺) 금당(金堂)이 완성되는 등 불교 건축도 발전했어요.

진지왕의 아들 비형(鼻荊)을 궁궐로 데려와 길러 왕실의 신비로운 능력과 권위를 상징하는 인물로 활용했어요.

진평왕은 632년 승하(昇遐)했으며, 그의 무덤은 경주 보문동의 사적 제180호 진평왕릉(眞平王陵)이에요.

진평왕은 아들이 없었기 때문에 632년에 첫째 딸 김덕만(金德曼)에게 왕위를 물려주어, 최초의 여왕인 신라 제27대 선덕여왕(善德女王)으로 즉위했어요. 이는 당시로서 매우 개혁적인 선택으로, 신라 왕실의 독특한 계승 문화를 보여줘요. 또한, 둘째 딸 천명부인(天明夫人)은 진지왕의 아들 김용춘(金龍春)과 혼인하여 훗날 태종무열왕(太宗武烈王) 김춘추(金春秋)를 낳았어요.

그는 53년의 긴 재위 기간 체계적인 행정 시스템과 강력한 군사 조직을 구축하여 왕권을 굳건히 확립했어요. 대외적으로는 백제와 고구려의 끊임없는 공세에 맞서면서도 대중국 외교를 통해 고립을 피하고 국력을 신장시켰어요. 이러한 노력은 선덕여왕 시대를 거쳐 문무왕의 통일 기반이 되는 굳건한 초석이 되었어요.

16. 김의관 金義寬

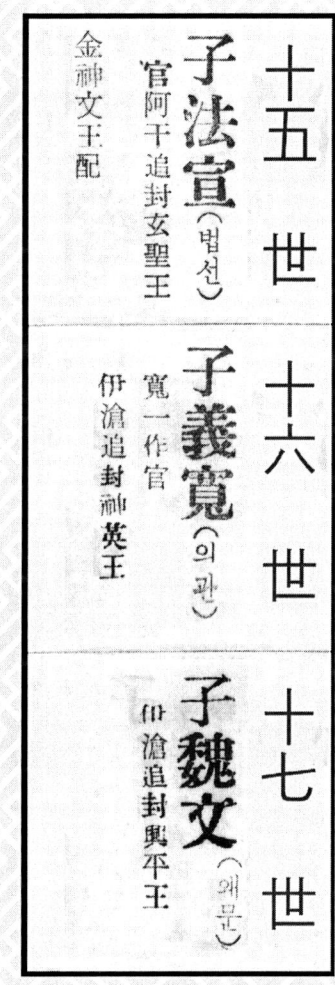

출처:경주김씨족보

김의관(金義寬)은 경주김씨(慶州金氏) 16세손으로 그의 아버지는 김법선(金法宣)이며, 아들은 김위문(金魏文)이에요. 아들 김위문의 이름에 쓰인 '위(魏)' 자는 '나라 이름 위(魏)'로, 중국(中國)의 위나라(魏)를 가리키는 글자예요. 이 한자의 한글 표기 과정에서 종종 '왜문'으로 잘못 기록되기도 했으나, 정확한 표기는 '위문(魏文)'이에요. 김의관은 신라의 왕족이자, 후에 신영대왕(神英大王)으로 추존된 신라 왕실의 중요한 인물이에요. 그는 내물왕(奈勿王, 내물마립간)과 지증왕(智證王)의 직계 후손이며, 신라 제38대 왕인 원성왕(元聖王)의 조상이기도 해요. 김의관은 생전에 이찬(伊湌)이라는 높은 관직을 역임했어요.

선덕여왕(善德女王)은 신라(新羅) 제27대 왕으로 632년부터 647년까지 15년간 재위했으며, 본명은 김덕만(金德曼)이에요. 그녀는 한반도 역사상 최초의 여왕이라는 독특한 위상을 지니며, 재위하는 동안 '인평(仁平)'이라는 연호를 사용했어요. 신라 제26대 진평왕(眞平王)의 첫째 딸로, 성골(聖骨) 남성이 단절되는 특수한 상황으로 인해 왕위에 올랐어요. 그녀의 통치는 백제와 고구려의 거센 압박 속에서도 신라의 국방과 외교 역량을 강화하고 삼국통일(三國統一)의 기반을 다지는 중요한 전환점이 되었어요.

선덕여왕은 총명함과 뛰어난 예지력을 지닌 군주로 유명하며, 이를 보여주는 여러 일화가 전해져요. 당나라 태종이 보낸 모란꽃 그림에 벌과 나비가 없는 것을 보고 '꽃에 향기가 없을 것'이라고 예견했는데, 실제로 심어보니 향기가 없었다고 해요. 이는 그녀의 섬세한 관찰력과 통찰력을 보여줘요.

636년, 영묘사 옥문지에서 겨울인데도 개구리가 떼 지어 우는 소리를 듣고, 이를 백제 군대의 침입을 경고하는 상징으로 해석했어요. 그녀는 개구리울음(蛙)과 옥문(玉門)이라는 지명을 연결하여 백제군이 옥문곡(玉門谷)에, 잠복해 있음을 간파하고 알천(閼川) 장군을 보내 적을 격퇴했어요.

자기의 죽음을 예견하고 '도리천(忉利天)에 묻어달라'고 유언했어요. 이후 그녀의 무덤 아래에 문무왕(文武王) 때 사천왕사(四天王寺)가 세워지면서 그녀의 유언이 이루어졌어요.

여왕의 즉위는 왕위 계승을 둘러싼 혼란이 있었지만, 선덕여왕은 유능한 신하들을 중용하며 왕권을 안정적으로 유지했어요.

진평왕의 혈통에 왕위를 이을 성골 남성이 없었기 때문에 왕위에 올랐어요. 『삼국사기(三國史記)』에는 "성골 남자가 다하여 여왕을 세웠다"라고 기록되어 있어요.

즉위 직후 대신(大臣) 을제(乙祭)에게 국정을 책임지게 하여 시국을 수습했어요.

634년 독자적인 연호 '인평(仁平)'을 제정하여 자주성을 천명했어요.

김유신(金庾信), 알천(閼川), 비담(毗曇) 등 능력 있는 인재들을 대장군, 상대등, 군주 등의 요직에 배치했어요. 643년에는 김유신을 대장군으로 삼아 백제와의 전쟁에 대비했어요.

훗날 태종무열왕(太宗武烈王)의 아버지가 되는 김용춘(金龍春)을 지방에 보내 민심을 안정시키는 데 힘썼어요.

선덕여왕의 치세는 백제와 고구려의 끊임없는 침략으로 인해 신라 역사상 위태로운 시기 중 하나였어요.

642년 백제 의자왕(義慈王)은 신라의 서쪽 40여 성을 점령하고, 대야성(大耶城)을 함락시켜 신라에 큰 위기를 가져왔어요. 대야성 함락은 신라의 서부 방어선 붕괴를 의미했어요.

위기를 극복하기 위해 여동생의 아들인 김춘추(金春秋)를 고구려에 보내 원군을 요청했으나 실패했어요.

당나라에 자주 사신을 파견하며 외교 관계를 긴밀히 했어요. 당 태종은 여왕 체제에 대해 비판적이었으나, 635년 '주국낙랑군공신라왕(柱國樂浪郡公新羅王)'으로 봉하는 조서를 보내 외교적 관계를 유지했어요.

김유신을 대장군으로 임명하여 백제와의 전쟁에서 가혜성(加兮城) 등 7개 성을 탈환하는 등 국방력을 강화했어요. 이러한 외교 및 군사적 노력은 훗날 나당 연합의 중요한 초석이 되었어요.

선덕여왕은 불교를 호국 이념으로 삼아 민심을 통합하는 한편, 재위 말기에는 귀족 세력의 반란에 직면했어요. 아버지 진평왕의 뒤를 이어 불교를 적극 장려하여 왕실의 권위를 높였어요. 분황사(芬皇寺), 영묘사(靈妙寺) 등 여러 사찰을 건립했어요. 645년 자장법사(慈藏法師)의 건의를 받아들여 황룡사(皇龍寺) 9층탑(九層塔)을 건립했어요. 이 탑은 신라 주변의 아홉 개 적국의 침략을 막아내겠다는 호국적 염원을 담고 있어요.

647년, 재위 말기 상대등 비담(毗曇)이 "여왕이 정치를 잘못하여 나라가 망해가고 있다"라는 명분으로 염종(廉宗) 등과 함께 반란을 일으켜 왕권을 위협했어요. 김유신은 떨어지는 별을 연에 달아 다시 하늘로 올려보내는 기지를 발휘하여 군사들의 사기를 회복시키고 반란을 진압하는 데 결정적인 역할을 했어요.

선덕여왕은 비담의 난이 진압된 직후인 647년 여름에 승하(昇遐)했어요. 그녀는 자신의 유언대로 낭산(狼山)에 묻혔으며, 현재 사적 제182호 선덕여왕릉(善德女王陵)이에요.

그녀가 승하한 후에는 사촌이자 진평왕의 동생인 진안갈문왕의 딸 김승만(金勝曼)이 왕위를 이어 신라 제28대 진덕여왕(眞德女王)이 되었어요.

선덕여왕은 혼란한 여왕 시대의 시작이라는 어려운 환경 속에서도 탁월한 지혜와 김유신, 김춘추와 같은 유능한 인재들을 등용해 국력을 보존했어요. 또한, 첨성대(瞻星臺)를 건립하여 과학 기술 발전을 이루었고, 황룡사 9층탑 건립을 통해 국가적 결속을 다졌어요. 그녀의 재위 기간은 신라가 삼국통일(三國統一)의 기반을 다지는 중요한 전환점이 되었어요.

17 김위문 金魏文

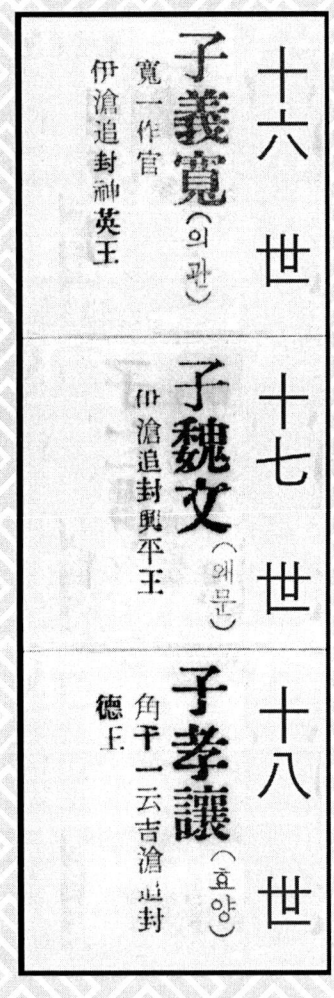

출처:경주김씨족보

김위문(金魏文)은 경주김씨(慶州金氏) 17세손으로 그의 아버지는 김의관(金義寬)이며, 아들은 김효양(金孝讓)이에요. 그의 이름은 김위문으로, 한자 '위(魏)'는 나라 이름 '위'예요. 과거 한글 표기 과정에서 '왜문'으로 잘못 기록되는 오류가 있었으나, 올바른 표기는 '위문(魏文)'이에요. 김위문은 신라 시대의 왕족이자 고위 관료예요. 그는 내물왕(奈勿王, 내물마립간)과 지증왕(智證王)의 직계 후손이며, 훗날 신라 제38대 왕이 되는 원성왕(元聖王)의 할아버지예요. 원성왕이 왕위에 오르면서 김위문은 흥평대왕(興平大王)으로 추존(追尊)되었어요. 그는 이찬(伊湌)의 관등에 올라 중시(中侍)라는 고위 관직을 역임했어요. 중시는 왕의 명령을 담당하는 핵심 요직으로, 그의 높은 정치적 위상을 보여줘요. 김위문은 직접 왕위에 오르지는 않았지만, 그의 후손이 왕이 되면서 신라 하대 왕실의 중요한 인물로 자리매김하게 되어요.

진덕여왕(眞德女王)은 신라(新羅) 제28대 왕으로 647년부터 654년까지 7년간 재위했어요. 본명은 김승만(金勝曼)이며, 성골(聖骨) 출신으로는 마지막으로 왕위에 오른 인물이에요. 아버지인 진안갈문왕(眞安葛文王) 김국반(金國飯)은 신라 제26대 진평왕(眞平王)의 친동생으로, 선덕여왕에 이어 여성이 왕위를 계승하는 성골 사회의 특수한 상황을 이어받았어요. 그녀는 통치 기간 중 '태화(太和)'라는 독자적인 연호를 사용하다가, 훗날 당나라 연호를 수용했어요.

650년, 즉위 후 사용하던 독자 연호 '태화(太和)'를 폐지하고 당나라의 연호 '영휘(永徽)'를 사용하기 시작했어요. 이는 신라가 당 중심의 국제 질서에 편입하여 고구려와 백제에 맞서겠다는 외교적 결단을 상징해요.

650년, 진덕여왕은 김춘추의 아들 김법민(金法敏)을 통해 당 고종에게 '태평송(太平頌)'을 수놓은 비단을 전달하며 신라의 외교적 존경과 협력 의지를 표명했어요.

진덕여왕의 치세는 내부적으로 중앙집권 체제를 견고히 하고, 외부적으로는 당나라와의 동맹을 완성하여 신라의 삼국통일(三國統一)을 위한 결정적인 발판을 마련했다는 중요한 의의를 지녀요.

진덕여왕은 비담의 난 진압 직후 혼란스러웠던 즉위 초기를 수습하고, 왕권을 중심으로 한 통치 시스템을 확립하는 데 주력했어요.

650년에는 진골 관료에게 아홀(牙笏)을 들도록 규정하여 신분 및 서열 체계를 명확히 했어요.

651년, 기존의 품주(稟主)를 집사부(執事部)로 개편하고, 파진찬 죽지(竹旨)를 중시(中市)로 임명하여 왕의 명령과 기밀 업무를 전담하게 했어요. 이는 귀족 중심의 국정 운영을 왕의 직속 기구로 전환하는 왕권 강화의 핵심 조치였어요.

651년 왕궁 호위를 전담하는 시위부(侍衛府)를 설치했으며, 신라 최초로 조원전(朝元殿)에서 백관(百官)들이 신년(新年) 하례(賀禮)를 올리는 의식을 거행하며 왕실의 위엄을 과시했어요.

651년 조세·부역 담당 조부(調府), 재정 관리 창부(倉部), 의례·교육 담당 예부(禮部), 652년에 형벌 담당 좌리방부(左理方府) 신설 등 실무 행정 조직을 세분화하고 전문 인력을 배치하여 통치 효율성을 극대화했어요.

진덕여왕은 백제와 고구려의 압박 속에서 김춘추(金春秋)를 중심으로 한 대당(對唐) 외교를 통해 활로를 모색했어요. 648년, 당 태종이 독자 연호 사용을 문제 삼자, 김춘추를 당나라에 파견했어요. 김춘추는 이 방문을 통해 백제 공격을 위한 군사 지원을 요청하며 나당동맹의 초석을 더욱 공고히 했어요.

백제의 끊임없는 침략에 맞서 김유신(金庾信)을 핵심 군사 지도자로 활용했어요. 647년, 648년, 649년 등 백제의 공세가 있을 때마다 김유신에게 군사를 주어 무산성(茂山城), 요거성(腰車城), 석토성(石吐城) 등지에서 대승을 거두며 신라의 영토를 성공적으로 수호했어요.

진덕여왕은 654년 봄에 승하(昇遐)했으며, 그녀의 무덤인 사적 제24호 진덕여왕릉(眞德女王陵)은 경주시 현곡면에 있어요.

진덕여왕이 후사가 없었기 때문에, 그녀가 승하하면서 신라의 성골계(聖骨系) 왕통이 완전히 끊어졌어요. 그래서 성골 왕족이 아닌 진골(眞骨)로 이어졌으며, 그가 바로 김용춘(金龍春)의 아들이자 진지왕의 손자인 김춘추(金春秋)가 뒤를 이어, 신라 제29대 태종무열왕(太宗武烈王)으로 즉위했어요.

진덕여왕은 성골 출신 마지막 왕이자, 여왕 시대를 마감하고 무열왕 계보가 왕위를 계승하는 시기를 열었어요. 그녀는 비록 짧은 재위 기간이었으나, 왕권을 강화하는 중앙집권적 개혁과 나당동맹을 완성 시키는 결정적인 외교정책을 통해 신라가 삼국통일(三國統一)을 달성할 수 있는 완벽한 제도적, 외교적 기반을 다진 군주로 평가되어요.

태종무열왕(太宗武烈王)은 신라(新羅) 제29대 왕으로 654년부터 661년까지 7년간 재위했어요. 본명은 김춘추(金春秋)이며, 신라 최초로 묘호(廟號)를 사용한 왕이에요. 그의 아버지는 진지왕(眞智王)의 아들 김용춘(金龍春)이고, 어머니는 진평왕(眞平王)의 딸 천명공주(天明公主)예요. 그는 김유신(金庾信)의 여동생 문명왕후(文明王后) 김문희(金文姬)와 혼인했으며, 훗날 삼국통일(三國統一)을 완성하는 문무왕(文武王) 김법민(金法敏)을 비롯한 여러 아들을 두었어요.

무열왕은 진골(眞骨) 신분으로 처음 왕위에 올라 신라 중대(中代)를 개창(開創)한 인물로, 재위하는 기간 나당연합군(羅唐聯合軍)을 결성하여 백제(百濟)를 멸망시키는 등 삼국통일의 결정적인 기틀을 마련했어요.

무열왕의 즉위는 신라의 신분 체계와 왕실 역사에서 중요한 분기점이 되어요.

654년 진덕여왕(眞德女王)이 후사 없이 승하하자, 이찬 알천(閼川)의 추대를 받아 왕위에 올랐어요. 이로써 성골(聖骨) 시대가 끝나고 진골(眞骨) 시대인 신라 중대의 서막을 열었어요.

즉위 직후 율령(律令)을 재정비하고, 655년에는 왕자 김법민(金法敏)을 태자(太子)로 책봉하고 다른 아들들에게 주요 관직을 부여하는 등 왕실 중심의 관료 체계를 구축했어요. 또한, 658년에는 아들 김문왕(金文王)을 중시(中侍)로 임명하는 등 왕권 전제화(專制化)를 강력하게 추진했어요.

660년 김유신을 상대등(上大等)으로 임명하며 군사적 지도력을 강화했어요.

무열왕은 뛰어난 외교술과 군사적 통찰력으로 신라의 오랜, 숙원(宿願)이었던 백제의 멸망을 이뤘어요.

선덕여왕 시대부터 외교관으로 활약한 김춘추 무열왕은 648년 당나라에 사신으로 파견되어 백제 공격을 위한 군사 지원을 요청하고, 나당동맹(羅唐同盟)을 성공적으로 체결했어요. 이는 삼국통일의 가장 중요한 외교적 기반이었어요.

642년 딸 고타소(古陀炤)가 백제군에게 살해당하자, 복수를 다짐하고 고구려에 원병을 요청했으나, 영토 반환 요구를 거절해 목숨을 잃을 위기에 처하기도 했어요. 이 위기는 『구토 설화(龜兔說話)』를 이용한 기지로 모면했어요.

660년, 당 고종이 파견한 소정방(蘇定方)이 이끄는 당군과 김유신이 지휘하는 신라군이 연합하여 백제를 공격했어요. 황산벌 전투에서 계백(階伯) 장군의 결사대에 맞서 승리한 연합군은 백제의 수도 사비성(泗沘城)을 함락시키고 의자왕(義慈王)의 항복을 받아내며 백제를 멸망시켰어요.

백제 멸망 후에도 잔존 하는 세력의 저항을 이례성(尒禮城) 등지에서 진압하며 백제 부흥 운동의 싹을 잘랐어요.

무열왕은 백제 멸망 직후인 661년 음력 6월에 승하(昇遐)했어요. 그가 승하했을 당시 59세였고, 현재 경주 서악동에 있는 사적 제20호 태종무열왕릉(太宗武烈王陵)에 묻혔어요. 능 앞에는 국보 제25호 태종무열왕릉비(太宗武烈王陵碑)가 남아있어요.

그의 아들 김법민(金法敏)이 뒤를 이어 신라 제30대 문무왕(文武王)으로 즉위했어요.

무열왕은 직접 삼국통일(三國統一)을 완수하지는 못했으나, 나당동맹(羅唐同盟)을 공고히 하고 백제를 멸망시켜 문무왕이 통일을 완성할 수 있는 확고한 토대를 마련했어요. 그의 치세 동안 왕권이 강력하게 전제화되었고, 그의 직계 자손들이 왕위를 계승하는 신라 중대의 안정적인 황금기를 여는 기점이 되었어요. 그는 신라의 운명을 바꾼 개혁가이자 선구적인 왕이에요.

문무왕(文武王)은 신라(新羅) 제30대 왕으로 661년부터 681년까지 20년간 재위했으며, 본명은 김법민(金法敏)이에요. 그는 신라의 삼국통일(三國統一)을 실질적으로 완성한 왕으로, 아버지인 신라 제29대 태종무열왕(太宗武烈王) 김춘추(金春秋)와 어머니 김유신의 여동생인 문명왕후(文明王后) 김문희(金文姬) 사이에서 태어났어요. 왕비는 자의왕후(慈儀王后)이며, 아들 김정명(金政明) 신문왕(神文王)이 뒤를 이었어요.

문무왕은 재위하는 동안 백제와 고구려를 완전히 멸망시키고, 나아가 당나라 세력을 한반도에서 축출하여 진정한 의미의 통일신라(統一新羅)를 이룩했으며, 통일 국가의 안정적인 통치 기반을 군건히 다졌어요.

아버지 무열왕의 뒤를 이은 문무왕은 군사적, 외교적 역량을 총동원하여 삼국통일의 대업을 마무리했어요.

661년, 즉위 후 김유신(金庾信)을 대장군(大將軍)으로 임명하고 백제 잔여 세력 평정에 착수했어요. 662년 탐라국(耽羅國)의 복속을 받아냈으며, 663년, 백제 부흥 운동의 주축이었던 복신(福信)과 도침(道琛) 세력을 당나라군과 연합하여 임존성(任存城), 주류성(周留城)

등에서 성공적으로 진압했어요.

667년 김유신 등과 함께 고구려 정벌에 나섰고, 668년 당나라군과 연합하여 고구려의 수도 평양성(平壤城)을 함락시키며 고구려 보장왕(寶藏王)의 항복을 받아냈어요. 이로써 삼국통일의 1단계 대업을 완수했어요.

당나라는 신라를 '계림대도독부(鷄林大都督府)'로 격하시키고, 문무왕을 '계림주대도독(鷄林州大都督)'으로 임명하는 등 한반도를 직접 지배하려는 야심을 드러냈어요. 문무왕은 이에 맞서 옛 백제와 고구려 유민을 적극 포용하고, 안승(安勝)을 고구려왕으로 삼아 세력을 키웠어요

문무왕은 동맹국이었던 당나라가 한반도 전체를 지배하려는 야심을 드러내자, 이에 맞서 나당전쟁(羅唐戰爭)을 벌여 670년부터 676년까지 6년간 당나라와의 전쟁을 통해 대동강 이남의 한반도 지배권을 확립하고 삼국통일의 대업을 완성했어요.

문무왕은 군사 행동과 외교적 사과를 병행하는 양면전술을 구사하며 전쟁을 유리하게 이끌었어요. 670년, 옛 백제 지역을 대규모로 공격해 80여 개의 성을 빼앗으며 당과의 대립을 공식화했어요. 675년, 매초성(買肖城)에서 이근행(李謹行)이 지휘하는 당나라 군대를 크게 격파했어요. 676년, 금강(錦江) 하구의 기벌포(伎伐浦) 해전에서 당나라 수군을 물리치고 한반도에서 당나라 세력을 완전히 몰아냈어요. 이로써 삼국통일(三國統一)을 성공적으로 마무리했어요.

문무왕은 전쟁 승리 후, 통일 국가의 안정과 번영을 위한 행정 및 군사 개혁에 주력했어요. 671년, 옛 백제 지역에 소부리주(所夫里州)를 신설하고, 외사정(外司正)을 두어 지방 통제를 강화했어요. 현재

의 충주에 국원소경(國原小京) 등의 소경(小京)을 설치하여 지방 거점 도시를 조성했어요.

671년, 중앙군인 중당(中幢)을 창설하고, 672년, 옛 백제인들로 구성된 백금서당(白衿誓幢)을 만드는 등 통합된 중앙군 시스템을 구축했어요. 주(州)의 군주(軍主)를 총관(摠管)으로 명칭을 바꾸어 지방군 지휘 체계를 정비했어요.

당나라의 복식 제도와 새로운 역법(曆法)을 수용하여 문물을 정비했어요. 또한 의상(義湘)에 시켜 676년, 부석사(浮石寺)를 세우고, 679년, 사천왕사(四天王寺)를 건립하는 등 불교를 통한 정신적 통합을 추구했어요.

문무왕은 681년 음력 7월에 승하(昇遐)했어요. 그는 생전에 화장(火葬)하고, 유골을 동해의 큰 바위 위에 안치하라는 검소한 유언을 남겼어요. 이는 죽어서도 동해를 지키는 용이 되어 왜적의 침입을 막겠다는 호국 정신을 담고 있어요.

그의 유해가 안치된 바위는 대왕석(大王石)이라 불리며, 현재 경주 앞바다의 사적 제158호 문무대왕릉(文武大王陵)이에요.

그의 태자(太子)였던 김정명(金政明)이 뒤를 이어 신라 제31대 신문왕(神文王)으로 즉위했어요.

신라는 문무왕과 무열왕을 삼국을 평정한 위대한 왕으로 여겨 종묘 제도인 5묘(五廟)에 함께 모시는 등 특별히 숭배했어요.

문무왕은 단순한 군사적 승리를 넘어, 이민족 포용 정책, 중앙집권 체제 개혁, 나당전쟁 승리를 통해 통일신라(統一新羅)의 기틀을 완성하고 중대(中代) 전성기를 여는 결정적인 역할을 수행한 위대한 왕으로 평가되어요.

18 김효양 金孝讓

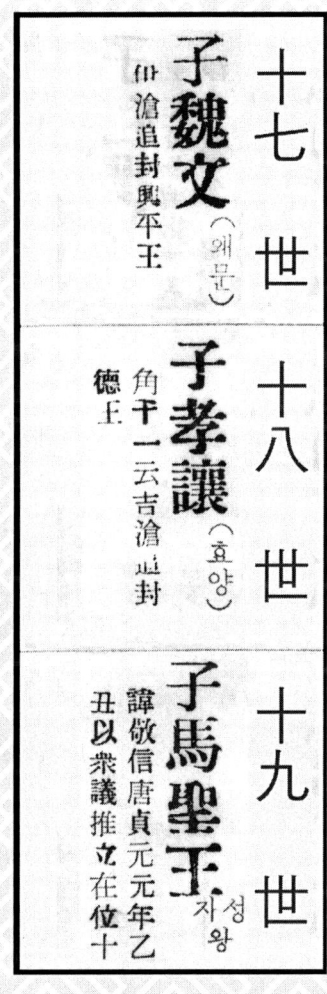

출처:경주김씨족보

김효양(金孝讓)은 경주김씨(慶州金氏) 18세손으로 그의 아버지는 김위문(金魏文)이고, 아들은 원성왕(元聖王)이에요. 김위문의 위(魏)는 나라 이름 위(魏)자이에요. 이를 한글 표기하는 과정에서 '왜문'으로 잘못 표기되었어요. 원성왕은 족보에서 마성왕(馬聖王)으로 한자가 잘못 표기되어 있고 한글로는 '자성왕'으로 잘못 표기되어 있어요. 부인은 계오부인(繼烏夫人) 박(朴)씨예요. 김효양은 진골(眞骨) 고위 귀족이었으며, 당시 관등은 최고 관등인 대각간(大角干) 또는 일길찬(一吉飡)이었어요. 김효양은 신라의 신성한 보물 중 하나인 만파식적(萬波息笛)을 아들인 원성왕에게 전해주어, 덕이 널리 퍼졌다고 전해져요. 그의 아들 원성왕 즉위 후에 명덕대왕(明德大王)으로 추존(追尊)되었어요.

신문왕(神文王)은 신라(新羅) 제31대 왕으로 681년부터 692년까지 11년간 재위했어요. 본명은 김정명(金政明)이며, 아버지 문무왕(文武王)의 뒤를 이어 왕위에 올랐어요. 그는 재위하는 동안 강력한 전제 왕권(專制 王權)을 확립하고, 9주 5소경(九州 五小京) 체제를 완성하는 등 통일신라(統一新羅) 중대(中代)의 안정적인 기틀을 다진 핵심적인 왕이에요.

신문왕은 즉위 직후 장인의 반란을 진압하며 귀족 세력을 숙청하고 왕권 중심으로 국가 체제를 재편했어요.

681년, 문무왕 승하 직후, 장인인 소판(蘇判) 김흠돌(金欽突)과 파진찬(波珍湌) 흥원(興元) 등이 역모 혐의로 처형되는 사건이 발생했어요. 신문왕은 이 김흠돌의 난을 신속하게 진압하고 관련 귀족들을 숙청함으로써 왕권을 크게 강화하는 결정적인 계기로 삼았어요.

왕실 호위 기관인 시위부(侍衛府)의 감(監) 직위를 폐지하고 대신 장군 6명을 두어 군사 지휘 체계를 왕 중심으로 재편했어요.

반역죄로 폐위된 전 왕비 대신, 683년 신목왕후(神穆王后)를 새로운 왕비로 맞이했어요.

신문왕은 통일로 확장된 영토를 효율적으로 통치하고 귀족 세력을 견제하기 위한 획기적인 개혁을 단행했어요.

687년, 문무 관료들에게 직급별로 관료전(官僚田)을 지급했어요. 689년, 중앙 및 지방 관리들에게 지급하던 녹읍(祿邑)을 폐지하고, 대신 직급별로 세조(歲租)를 지급하도록 했어요. 이 조치는 귀족들이 백성과 토지에 대한 지배권을 행사하던 경제적 기반인 녹읍을 제거하여 왕권을 강화하는 핵심적인 개혁이었어요.

682년, 유교 정치 이념을 도입하고 유능한 관료를 양성하기 위해 국학(國學)을 설립했어요. 또한 당나라에 유교 경전과 예법 관련 서적을 요청하여 통치 이념을 확립했어요.

위화부(位和府)에 영(令)을 증원하여 인사 추천 기능을 강화하고, 공장부(工匠府) 등 실무 행정 부서의 직제를 정비하여 행정 효율을 높였어요.

689년 현재의 대구인 달구벌(達句伐)로 도읍을 옮기려는 계획을 추진했으나, 이는 실현되지 못했어요.

신문왕은 민족 통합을 바탕으로 중앙집권적 지방 통치 체제와 중앙군 조직을 완성했어요.

685년, 전국을 양주(良州), 상주(尙州), 강주(康州), 웅주(熊州), 전주(全州), 무주(武州), 한주(漢州), 삭주(朔州), 명주(溟州) 9주(州)로 나누고, 수도인 현재의 경주 금성(金城)의 치우침을 보완하기 위해 현재의 충청북도 청주에 서원소경(西原小京)과 현재의 전라북도 남원에 남원소경(南原小京)을 설치했어요. 이로써 기존의 금관소경(金官小京), 북원소경(北原小京), 중원소경(中原小京)과 합쳐 9주(九州) 5소경(五小京) 체제의 기틀을 마련했어요. 또한 옛 고구려와 백제 유민들을 각지로 이주시켜 사회 통합을 도모했어요.

고구려, 백제, 말갈 등 다양한 민족 출신 유민들을 흡수하여 군사 조직인 9서당(九誓幢)을 완성했어요. 9서당은 신라의 중앙군 역할을 담당하며, 민족 통합의 상징이 되었어요.

신문왕의 치세에는 왕권의 신성함을 강조하는 설화와 더불어 문화적 발전도 이루어졌어요. 동해의 용이 신문왕에게 바친 대나무로 만든 피리인 만파식적(萬波息笛)은 질병, 풍파, 가뭄, 적병 침입 등 모든 어려움을 해결하는 신비한 효험이 있다고 전해져요. 이 설화는 신문왕이 천명을 받은 신성한 군주임을 강조하며 전제 왕권을 정당화하는 역할을 했어요.

682년, 아버지를 기리는 감은사(感恩寺)를 비롯해 봉성사(奉聖寺), 망덕사(望德寺) 등을 건립하는 등 불교를 적극 후원했어요.

신문왕은 692년 음력 7월에 승하(昇遐)했으며, 경주시 배반동의 사적 제181호 신문왕릉(神文王陵)에 안장되었어요.

아들 김이홍(金理洪)이 뒤를 이어 신라 제32대 효소왕(孝昭王)으로 즉위했어요.

 신문왕은 김흠돌의 난 진압과 녹읍 폐지로 귀족 세력을 강력히 견제하고, 9주 5소경과 9서당 체제 완성으로 통일신라의 통치 체제와 중앙집권 기반을 확고히 다져 신라 중대 전성기의 기틀을 마련한 왕으로 평가되어요.

 효소왕(孝昭王)은 신라(新羅) 제32대 왕으로 692년부터 702년까지 10년간 재위했어요. 본명은 김이홍(金理洪) 또는 김이공(金理恭)이며, 신라 제31대 신문왕(神文王)의 첫째 아들이자 신목왕후(神穆王后)의 아들이에요.

 692년, 부왕 신문왕이 승하(昇遐)하자 6세의 어린 나이로 왕위를 계승했어요. 어린 나이였으므로 어머니인 신목왕후가 섭정(攝政)했을 것으로 추정되어요.

 효소왕은 6세의 어린 나이에 왕위에 올랐으나, 노련한 대신들의 보좌를 받으며, 비교적 안정적으로 국정을 이끌었어요. 아버지 신문왕의 개혁 정책을 계승하고 통일신라(統一新羅) 중대의 안정을 유지하는데 이바지했어요.

 즉위 직후 대아찬 원선(元宣)을 중시(中侍)로, 문영(文永)과 개원(愷元)을 상대등(上大等)으로 임명하여 국정의 안정을 꾀했어요.

 694년에는 삼국통일(三國統一)의 주역인 태종무열왕(太宗武烈王) 김춘추(金春秋)의 아들 김인문(金仁問)에게 태대각간(太大角干)의 최고위직을 추증하며 그의 공적을 기렸어요.

 효소왕은 부왕의 중앙집권적 정책을 계승하며 행정 효율을 높이고 경제적 안정을 도모했어요.

자신의 이름 '이(理)'와 같은 글자를 쓰는 좌리방부(左理方府)와 우리방부(右理方府)를 각각 좌·우의방부(左·右議方府)로 명칭을 변경했어요.

695년, 수도 금성(경주)에 서시(西市)와 남시(南市)를 신설하고 이를 관리하는 남시전(南市典)과 서시전(西市典)을 설치하여 상업 활동을 장려했어요.

699년, 공물·부역 담당 관청인 조부(調部)의 인력을 증원하고, 재정 관장 기관인 창부(倉部)에 조사지(租事知) 직위를 새로 만들어 행정 및 경제 체제의 효율성을 높였어요.

694년, 현재의 개성인 송악(松岳)과 현재의 황해도 금천인 우잠(牛岑) 등에 성을 쌓아 북방 방어를 강화했어요. 또한 관리들의 기강을 엄격하게 확립하여 개인의 이익을 탐한 태수 제일(濟日)에게 701년, 곤장과 유배형을 내렸어요.

재위 말년에는 정치적 불안정이 나타났으며, 이는 기이한 사건들로 기록에 남겨졌어요.

699년, 당시의 불안한 상황을 반영하듯, 동해 바닷물이 핏빛으로 변했다가 돌아오거나, 무기고에서 북과 나팔이 스스로 울리는 등의 변고가 역사 기록에 전해져요.

700년, 이찬 경영(慶永)이 모반 혐의로 처형되고, 이에 연루되어 중시 순원(純元)이 파직되는 사건이 발생하여 일시적인 정치적 동요가 있었어요.

효소왕은 702년 음력 7월, 16세의 아주 젊은 나이에 승하(昇遐)했어요. 그의 능은 경주시 조양동의 사적 제184호 효소왕릉(孝昭王陵)이에요.

뒤를 이을 후사가 없었기 때문에, 동생 김융기(金隆基)가 뒤를 이어 신라 제33대 성덕왕(聖德王)으로 즉위했어요.

비록 짧은 재위 기간이었으나, 아버지 신문왕의 통일신라 체제 안정화 정책을 성공적으로 계승했으며, 노련한 대신들의 보좌를 통해 상업 진흥, 제도 정비, 국방력 강화 등 통일신라 중대의 안정과 발전에 이바지했어요.

성덕왕(聖德王)은 신라(新羅) 제33대 왕으로 702년부터 737년까지 35년간 재위했어요. 본명은 김융기(金隆基)였으나, 당나라 현종(玄宗)의 이름과 같아 712년에 김흥광(金興光)으로 개명했는데, 신라 제45대 신무왕(神武王)의 셋째 아들 경주김씨(慶州金氏) 23세손이자 광산김씨(光山金氏) 시조(始祖)인 김흥광과는 동명이인이에요. 그는 아버지 신문왕(神文王)이 다진 전제 왕권의 기반을 더욱 확고히 하고, 안정적인 국정 운영을 통해 통일신라 중대(中代)의 태평성대(太平聖代)를 이끈 왕으로 평가받아요. 그의 치세는 신라의 국력이 최고조에 달했던 시기를 대표해요.

성덕왕은 어린 나이에 즉위했으나, 능력 있는 신하들을 중용하며 왕권을 성공적으로 안정시켰어요.

702년, 형인 신라 제32대 효소왕(孝昭王)이 후사 없이 승하하자 왕위를 계승했어요.

즉위 직후부터 아찬 원훈(元訓), 이찬 위문(魏文), 이찬 효정(孝貞) 등 유능한 대신들을 중시(中侍)로 임명하고, 이찬 인품(仁品)을 상대등(上大等)으로 삼는 등 주요 관료직을 안정적으로 운영하며 강력한 왕권을 바탕으로 국가를 통솔했어요.

두 번 왕비를 맞이했으며, 두 번째 왕비 소덕왕후(炤德王后)와의 사이에서 훗날 왕위를 계승하는 효성왕(孝成王) 김승경(金承慶)과 경덕왕(景德王) 김헌영(金憲英)을 두었어요.

성덕왕은 행정 제도를 정비하고, 백성들의 삶을 실질적으로 개선하는 데 집중했어요.

707년, 큰 흉년이 들자 굶주리는 백성들에게 곡식을 지급하고 오곡의 종자를 나누어 주는 등 적극적인 구휼 활동을 펼쳐 백성을 보살폈어요.

711년, 남쪽 주와 군을 순행한 후 관리들의 경계 사항을 담은 『백관잠(百官箴)』을 지어 신하들을 교훈했어요.

714년, 외교문서 작성 담당을 통문박사(通文博士)로 전문화하고, 717년, 왕실 궁궐 및 호구 관리를 위한 신궁(新宮)과 연사전(年祀典)을 설치했어요. 의학박사(醫學博士)와 산박사(算博士)를 두어 전문 기술 인력 양성에 힘썼어요.

718년에 물시계인 누각(漏刻)을 제작하고, 이를 관리하는 누각전(漏刻典)을 설치하여 시간을 정확하게 측정하고 알리는 업무를 체계화했어요.

722년, 백성들에게 정전(丁田)을 지급했어요. 이는 국가의 토지 지배력을 강화하고 조세 제도를 효율적으로 정비하려는 목적으로, 왕권 강화와 민생 안정에 이바지했어요.

성덕왕은 친당(親唐) 외교를 통해 국제적 지위를 강화하고, 국방을 철저히 다져 영토를 확장했어요.

신라는 거의 매년 당나라에 사신을 보내 조공하고, 왕자 김수충(金粹忠) 등 왕족을 숙위(宿衛)로 파견하여 친선 관계를 돈독히 했어요. 728년에는 신라 자제들의 당나라 국학(國學) 입학을 요청하는 등 문화 교류도 활발했어요.

735년, 발해(渤海) 공격에 협조하는 등 당나라와 군사적 협력을 강화한 결과, 당나라로부터 현재의 대동강인 패강(浿江) 이남 지역을 신라의 영토로, 공식적으로 인정받는 결정적인 외교적 성과를 거두었어요. 이는 통일신라(統一新羅)의 지위를 공고히 하는 계기가 되었어요.

발해와 일본의 위협에 맞서 국방을 철저히 했어요. 721년, 하슬라도(何瑟羅道)의 건장한 남자들을 선발하여 북쪽 국경 지역에 장성(長城)을 쌓아 발해의 남하를 막으려 했고, 일본의 침략에 대비해 모벌군성(毛伐郡城)을 축조하는 등 군사적 대비를 강화했어요.

성덕왕은 737년에 승하(昇遐)했으며, 그의 죽음은 후대까지 깊은 영향을 끼쳤어요. 그의 능은 경주시 조양동의 사적 제28호 성덕왕릉(聖德王陵)이에요.

성덕왕과 둘째 왕비 소덕왕후(炤德王后) 사이에서 태어난 첫째 아들 김승경(金承慶)이 뒤를 이어 신라 제34대 효성왕(孝成王)으로 즉위했어요.

성덕왕의 아들인 신라 제35대 경덕왕(景德王) 김헌영(金憲英)은 아버지를 기리기 위해 '성덕대왕신종(聖德大王神鍾, 에밀레종)'의 제작을 시작했고, 이는 신라 제36대 혜공왕(惠恭王) 때 완성되어 국보 제29호로 지정되었어요.

성덕왕은 35년의 긴 치세 동안 강력한 전제 왕권을 바탕으로 정전 지급, 국방 강화, 친당 외교 등 내치와 외치를 모두 성공적으로 이끌어 통일신라 중대의 찬란한 문화적·정치적 번영을 이끈 태평성대의 왕으로 역사에 기록되었어요.

19 원성왕 元聖王

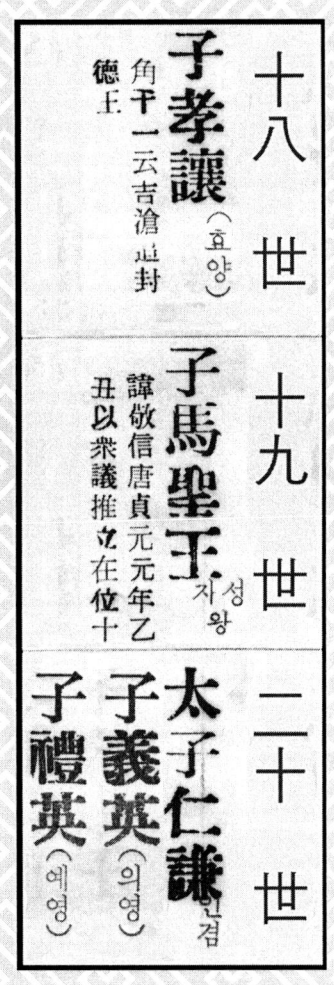

출처:경주김씨족보

김경신(金敬信)은 원성왕(元聖王)의 본명이며 경주김씨(慶州金氏) 19세손으로 그의 아버지는 김효양(金孝讓)이고, 아들은 김인겸(金仁謙), 김의영(金義英), 김예영(金禮英)이에요. 원성왕은 족보에서 마성왕(馬聖王)으로 한자가 잘못 표기되어 있고 한글로는 '자성왕'으로 잘못 표기되어 있어요.

효성왕(孝成王)은 신라(新羅) 제34대 왕으로 737년부터 742년까지 5년간 재위했어요. 본명은 김승경(金承慶)이며, 신라 제33대 성덕왕(聖德王)과 두 번째 왕비 소덕왕후(炤德王后) 사이에서 태어난 첫째 아들이에요. 그의 짧은 치세는 왕실 내부의 권력 다툼과 귀족 간의 갈등 심화로 정치적 불안정이 두드러졌으나, 당나라와의 우호적인 외교 관계를 유지하며 통일신라의 중간기 정치 양상을 보여주었어요.

효성왕은 즉위와 동시에 주요 관료를 임명하며 국정을 안정시키려 했으나, 내부 갈등으로 인해 정치적 혼란을 겪었어요.

737년, 아버지 성덕왕이 승하(昇遐)하자 왕위에 올랐고, 즉위 직후 대대적으로 사면(赦免)을 단행하여 민심을 수습하려 했어요. 이찬 정종(貞宗)을 상대등(上大等)으로, 아찬 의충(義忠)을 중시(中侍)로 임명하여 국정을 맡겼어요.

효성왕 재위기에는 왕비 책봉 문제를 둘러싼 외척 간의 권력 다툼이 첨예했어요. 특히 739년, 효성왕이 외조부 김순원(金順元)의 딸 김혜명(金惠明)을 왕비로 맞이한 후, 그녀와 그 친척들이 총애받던 파진찬 영종의 딸인 후궁을 시기하여 모해를 꾸미는 사건이 발생했어요. 이 일은 결국 740년, 후궁의 아버지인 영종이 모반(謀反) 혐의로 처형되는 비극으로 이어져 왕실 내부의 정치적 불안정을 심화시켰어요.

739년에 친동생인 김헌영(金憲英)을 태자(太子)로 책봉하여 훗날 경덕왕(景德王)이 될 후계자를 공식화했어요.

정치적 불안정 속에서도 효성왕은 당나라와의 우호적인 관계를 유지하는 데 힘썼어요.

738년, 당 현종(玄宗)은 사신 형숙(邢璹)을 보내 효성왕을 '개부의동삼사신라왕(開府儀同三司新羅王)'으로 공식 책봉하여 신라 왕의 지위를 인정했어요.

당나라 사신 형숙은 효성왕에게 노자(老子)의 『도덕경(道德經)』 등 여러 문서를 전달했어요. 효성왕은 이에 답례로 황금 30냥, 비단 50필, 인삼 100근을 선물하며 양국 간의 우호 관계를 다졌어요.

효성왕 재위기의 정치적 상황은 충신 신충(信忠)과의 일화를 통해 상징적으로 드러나요. 효성왕이 왕위에 오르기 전, 그는 신충과 "나를 잊으면 이 잣나무처럼 될 것"이라고 맹세했어요. 그러나 즉위 후 신충에게 상을 내리는 것을 잊자, 신충은 '원가(怨歌)'라는 향가(鄕歌)를 지어 잣나무에 붙였어요. 노래가 붙자 푸르던 잣나무가 시들었고, 효성왕이 이를 알고 신충을 다시 불러 중요한 벼슬을 내리자, 잣나무가 다시 푸른 생기를 되찾았어요. 이 일화는 신라 사회에서 충신을 등용하고 신의를 지키는 것이 곧 왕권의 안정과 직결된다는 믿음을 보여줘요.

효성왕은 742년에 승하(昇遐)했어요. 유언에 따라 시신은 법류사 (法流寺) 남쪽에서 화장되어 유골은 동해(東海)에 뿌려졌어요. 그에게는 후사가 없었으므로, 그의 친동생인 김헌영(金憲英)이 뒤를 이어 신라 제35대 경덕왕(景德王)으로 즉위했어요.

효성왕의 재위 기간은 짧고 불안정했으나, 이는 통일신라(統一新羅) 중대 전제 왕권이 점차 흔들리고 귀족 세력의 대립이 심화하는 과도기적 상황을 보여줘요. 그러나 그는 대당(對唐) 외교를 안정적으로 유지하여 통일 국가의 국제적 입지를 지켜냈어요.

경덕왕(景德王)은 신라(新羅) 제35대 왕으로 742년부터 765년까지 23년간 재위했어요. 본명은 김헌영(金憲英)이며, 신라 제33대 성덕왕(聖德王)과 두 번째 왕비 소덕왕후(炤德王后) 사이에서 태어난 둘째 아들이에요. 그는 통일신라(統一新羅) 중대(中代)의 마지막 번영기를 이끌었으며, 특히 불국사(佛國寺)와 석굴암(石窟庵) 창건을 통해 찬란한 불교문화를 꽃피운 왕으로 평가받아요.

형인 효성왕(孝成王)이 후사 없이 승하(昇遐)하자, 경덕왕은 742년에 왕위를 계승하고 왕권 강화와 행정 효율 증대를 위한 개혁을 추진했어요.

759년부터 중앙 행정 조직의 명칭을 대대적으로 개편했어요. 집사부(執事部)의 전대등(典大等)과 병부(兵部)의 대감(大監) 등을 시랑(侍郎)으로 바꾸는 등, 중국식 명칭으로 개혁하여 통일 국가의 위상에 맞는 새로운 체계를 확립하려 했어요.

중시(中侍)의 명칭을 시중(侍中)으로 바꾸고, 유정(有貞), 대정(大正), 김기(金耆) 등 유능한 인재들을 시중으로 임명하여 국정을 총괄하게 했어요.

경덕왕의 치세는 귀족 통제와 지방 통치 강화라는 상반된 정책이 혼재했어요.

757년, 신문왕 때 폐지되었던 녹읍(祿邑)을 다시 관리들에게 지급하고, 매달 지급하던 월봉(月俸)을 폐지했어요. 이는 귀족들의 경제적 기반을 강화하여 장기적으로 왕권 약화의 빌미를 제공하는 모순적인 정책이었어요.

757년, 전국의 주(州), 군(郡), 현(縣)의 명칭을 대대적으로 재편하여 한자식 지명으로 통일했어요. 사벌주(沙伐州)를 상주(尙州)로, 금관소경(金官小京)을 김해경(金海京)으로 바꾸는 등 현재까지 사용되는 여러 지역 명칭을 확립했어요. 이는 지방 통제력을 높이고 통일 국가의 행정 체계를 확고히 하려는 목적이었어요.

내사정전(內司正典)을 세워 궁궐과 관청 관리들을 감찰하고, 60일 이상 무단 휴가 시 해직시키는 등 관리의 기강을 엄격하게 다잡으려 했어요.

경덕왕은 국력을 동원하여 대규모 불교 건축 사업을 추진했으며, 이는 신라 문화의 정수를 보여줘요.

오늘날 세계문화유산으로 지정된 불국사(佛國寺)와 석굴암(石窟庵)의 건립이 경덕왕 재위 시기에 시작되었어요. 이 두 건축물은 신라의 건축 기술과 불교 예술이 절정에 달했음을 보여주는 대표적인 유산이에요.

아버지를 기리기 위해 '성덕대왕신종(聖德大王神鍾, 에밀레종)'의 주조를 명령했어요. 이 종은 아들인 혜공왕 대에 완성되었으며, 국보(國寶) 제29호로 신라 불교 예술의 정수로 남아있어요.

747년, 최고 교육기관인 국학(國學)에 제업박사(諸業博士)와 조교(助敎)를 두어 교육을 강화했어요. 또한 천문박사(天文博士), 누각박사(漏刻博士), 율령박사(律令博士) 등을 두어 전문 인력 양성과 기술 발달에 힘썼어요.

경덕왕은 당나라와 친밀한 관계를 유지했지만, 일본과는 거리를 두는 외교를 펼쳤어요. 경덕왕은 재위하는 동안 거의 매년 당나라에 사신을 파견하며 활발한 교류를 이어갔고, 당 현종으로부터 시를 받는 등 두 나라 군주 간의 친밀한 관계를 유지했어요.

경덕왕은 765년에 승하(昇遐)했으며, 모지사(毛只寺) 서쪽 봉우리에 묻혔어요. 그의 능은 현재 경주의 사적 제23호 경덕왕릉(景德王陵)이에요. 아들 김건운(金乾運)이 8세의 어린 나이로 신라 제36대 혜공왕(惠恭王)으로 즉위했으며, 그의 어머니 훗날 경수태후(景垂太后)가 되는 만월부인(滿月夫人)이 섭정(攝政)을 맡았어요.

경덕왕의 아들 혜공왕은 표훈대덕(表訓大德)의 도력으로 얻었다는 설화가 전해지는데, 아이가 여인처럼 행동하여 나라가 쇠퇴했다는 이 이야기는 경덕왕 사후의 정치적 혼란을 상징적으로 보여줘요.

경덕왕은 통일신라 중대의 마지막 번영을 이끌며 문화적 황금기를 열었지만, 녹읍 부활이라는 역행적인 정책은 이후 혜공왕 시대의 혼란이 발생하는 잠재적 원인이 되었어요.

혜공왕(惠恭王)은 신라(新羅) 제36대 왕으로 765년부터 780년까지 15년간 재위했어요. 본명은 김건운(金乾運)이며, 제35대 경덕왕

(景德王)의 아들이에요. 혜공왕은 신라 중대(中代)를 이끌었던 무열왕계(武烈王系)의 마지막 왕으로, 그의 비극적인 승하 이후 왕위가 다른 내물왕계(奈勿王系) 왕족에게 넘어가면서 신라 사회는 극심한 혼란기로 접어들었어요.

혜공왕은 어린 나이에 즉위하고 모후의 섭정을 받으면서 왕권의 기반이 취약해졌고, 이는 귀족들의 반란을 초래했어요.

765년, 아버지 경덕왕이 승하(昇遐)하자 8세의 어린 나이로 왕위에 올랐어요. 어머니 만월부인(滿月夫人)이 섭정(攝政)을 맡아 국정을 운영했으나, 왕권의 기반이 약화 되었어요.

768년, 일길찬 대공(大恭)과 아찬 대렴(大廉) 형제가 대규모 반란을 일으켜 왕궁이 33일간 포위되고, 3개월간 내전이 이어졌어요. 이 시기에 여러 명의 각간(角干)이 서로 싸우는 등 극심한 정치적 혼란이 빚어졌어요. 이 사건은 혜공왕 시기 왕권의 취약성과 귀족 세력의 발호를 단적으로 보여줘요.

혜공왕 재위 기간은 고위 관료들이 반역 혐의로 처형되거나 교체되는 등 권력 다툼이 끊이지 않았던 시기였어요.

775년, 즉위 후 상대등과 시중이 자주 교체되었고, 전 시중 김은거(金隱居)와 정문(正門) 등 고위 관직을 역임했던 인물들이 반란 혐의로 처형되는 일이 반복되었어요. 이는 귀족사회 내에서 권력을 둘러싼 갈등이 극도로 심화했음을 시사해요.

776년, 혜공왕은 아버지 경덕왕이 중국식으로 변경했던 관직의 명칭들을 모두 원래대로 되돌리는 조처를 했어요. 이는 경덕왕 시대의 급진적 개혁을 되돌려 귀족들의 요구를 수용하려는 움직임으로 해석되어요.

미추왕, 무열왕, 문무왕의 묘를 포함한 5묘(五廟)를 정비하여 조상에 대한 제사를 체계화했어요. 이는 혼란 속에서도 왕실의 정통성을 강화하려는 노력이었어요.

혜공왕은 반란으로 비극적으로 승하하며 신라 왕조에 큰 전환점을 가져왔어요. 780년, 이찬 김지정(金志貞)이 일으킨 반란으로 인해 왕비와 함께 살해되는 비극적인 최후를 맞았어요.

혜공왕이 승하한 후, 상대등 김양상(金良相)과 이찬 김경신(金敬信)이 반란을 진압하고, 김양상이 신라 제37대 선덕왕(宣德王)으로 즉위했어요.

혜공왕의 죽음은 신라 제29대 무열왕(武烈王)부터 이어져 온 무열왕계(武烈王系)의 왕위 계승이 단절되었음을 의미해요. 이후 왕위는 내물왕계(奈勿王系)로 넘어가 신라 하대(下代)의 혼란을 예고하는 중요한 분기점이 되어요.

혜공왕의 출생 설화는 그의 치세의, 혼란을 설명하려는 후대의 시각이 담겨 있어요. 경덕왕의 간청으로 표훈대덕이 상제에게 빌어 원래 딸의 운명이었던 아이를 아들로 바꾸어 주었으나, 이것으로 인해 나라가 위태로워질 것이라는 경고를 들었다는 설화가 전해져요. 이 설화는 혜공왕이 성장한 후 여색과 유흥에 빠져 국정을 등한시했다는 기록과 맞물려, 왕의 부적절한 행실과 왕권의 약화가 곧 신라 중대의 쇠퇴를 초래했다는 후대 귀족들의 시각을 반영하고 있어요.

혜공왕은 짧은 재위 기간 왕실과 귀족 간의 권력 다툼을 통제하지 못하고 결국 비극적인 종말을 맞이했어요. 그의 승하와 함께 통일신라 중대의 전성기가 막을 내리고 하대의 혼란이 시작되었어요.

선덕왕(宣德王)은 신라(新羅) 제37대 왕으로 780년부터 785년까지 5년간 재위했어요. 본명은 김양상(金良相)이며, 신라 제17대 내물마립간(奈勿麻立干)의 10대 후손이에요. 그는 비극적으로 막을 내린 무열왕계(武烈王系)의 마지막 왕인 혜공왕(惠恭王)을 대신하여 왕위에 오르면서, 신라 하대에 처음으로 즉위한 왕이 되었어요. 그의 등극으로 신라의 왕위는 내물왕계(奈勿王系)로 다시 돌아가는 큰 전환점을 맞았어요.

선덕왕은 혼란스러운 정국 속에서 반란 진압의 주도적인 역할을 통해 왕위를 차지했어요.

왕위에 오르기 전, 그는 경덕왕 시대에 시중(侍中)을 역임했으며, 혜공왕 시대에는 상대등(上大等)으로 오르는 등 핵심 관료로 활동했어요. 특히 '성덕대왕신종(聖德大王神鍾, 에밀레종)' 제작을 총괄하는 등 국가의 주요 행정 및 문화 사업을 담당했어요.

780년, 이찬 김지정(金志貞)의 반란으로 혜공왕이 살해되는 극심한 혼란이 발생했어요. 당시 상대등이었던 김양상은 이찬 김경신(金敬信)과 힘을 합쳐 반란을 진압하는 데 성공했으며, 이 공을 바탕으로 왕위를 계승했어요. 이는 무열왕계의 왕위 계승을 마감하고, 내물왕계의 시대를 여는 역사적 사건이었어요.

선덕왕은 북방 영토를 확고히 하고, 혼란했던 국정을 안정시키기 위한 정책을 펼쳤어요.

왕위에 오른 후 현재의 대동강인 패강(浿江) 이남 지역에 대한 통치권을 강화했어요. 782년에는 직접 한산주(漢山州)를 순행(巡幸)하고, 전략적 요충지인 패강진(浿江鎭)으로 주민들을 이주시켜 북방 방어와 발해(渤海)의 팽창을 견제하려는 의지를 보였어요.

즉위 직후 김경신을 상대등으로, 아찬 의공(義恭)을 시중(侍中)으로 임명하여 국정을 안정적으로 운영하려 노력했어요.

782년, 신라 왕조의 발상지인 훗날 계림(鷄林)이 되는 시림(始林)에서 대규모 군사 사열을 주관하며 왕실의 위엄을 대내외적으로 과시했어요.

선덕왕은 5년이라는 짧은 기간 동안 재위했으며, 그의 죽음 이후 왕위는 다시 경쟁 구도로 이어졌어요.

계속되는 정치적 혼란에 염증을 느껴 784년에 왕위에서 물러나겠다는 의사를 표명하기도 했으나, 신하들의 반대로 철회했어요.

선덕왕은 785년 정월에 병으로 승하(昇遐)했어요. 그는 유골을 화장하여 동해에 뿌려달라는 불교식 유언을 남겼으며, 이 때문에 그의 왕릉은 현재 전해지지 않아요.

선덕왕에게는 후사에 대한 기록이 없어, 그의 사후 상대등 김경신(金敬信)이 왕위를 이어 신라 제38대 원성왕(元聖王)으로 즉위했어요. 이로써 신라 하대는 내물왕계 중에서도 원성왕의 직계 후손을 중심으로 재편되었어요.

선덕왕의 재위는 무열왕계 시대를 마감하고 신라 하대 귀족 간의 권력 다툼이 본격화하는 전환점이 되었으며, 이는 신라 왕조의 쇠퇴를 예고하는 서막이었어요.

원성왕(元聖王)은 신라(新羅) 제38대 왕으로 785년부터 798년까지 13년간 재위했어요. 본명은 김경신(金敬信)이며, 내물마립간(奈勿麻立干)의 12대손이에요. 그는 혜공왕(惠恭王) 사후 혼란스러웠던 신라 하대(下代) 초기에 선덕왕(宣德王) 다음으로 왕위에 올라 왕권을 안정시키고, 특히 독서삼품과(讀書三品科)를 도입하여 유교적 소양을 갖춘 인재를 등용하려 노력한 개혁적인 군주예요. 그의 직계 후손들이 이후 신라 왕위를 주도하게 되면서 신라 왕실 질서를 재편했어요.

원성왕은 정치적 경쟁 속에서 왕위를 차지했으며, 즉위 후 왕실의 정통성을 강화하는 데 주력했어요.

혜공왕 피살 후, 선덕왕(宣德王)의 재위 기간에 상대등으로 국정을 이끌었어요. 785년 선덕왕이 승하(昇遐)하자, 유력한 왕위 계승 경쟁자였던 김주원(金周元)이 알천(閼川)의 물이 불어 궁궐로 들어오지 못하게 되자, 이를 하늘의 뜻으로 여겨 왕위에 오르게 되었다는 설화가 전해져요. 이 일화는 당시 왕위 계승을 둘러싼 치열한 정치적 갈등이 있었음을 보여줘요.

즉위 후, 자신의 4대 조상인 고조부 대아찬(大阿飡) 김법선(金法宣)을 현성대왕(玄聖大王)으로, 증조부 이찬(伊飡) 김의관(金義官)을 신영대왕(神英大王)으로, 조부 이찬(伊飡) 김위문(金魏文)을 흥평대왕(興平大王)으로, 아버지 김효양(金孝讓)을 명덕대왕(明德大王)으로, 어머니를 소문태후(昭文太后)로 추존(追尊)했어요. 이는 혼란기에 내물왕계로서 자기의 왕위 정당성과 가문의 위상을 확립하는 조처였어요.

원성왕의 가장 중요한 업적은 골품제 기반의 인재 등용 한계를 극복하려 시도한 독서삼품과의 도입이에요.

788년, 유교 경전의 이해 수준에 따라 인재를 상(上), 중(中), 하(下) 세 등급으로 나누어 관리를 선발하는 독서삼품과를 도입했어요. 이는 골품제(骨品制)를 넘어선 유교적 소양과 학문을 바탕으로 한 인재를 등용하려는 개혁적인 시도였으며, 신라 정치 체제를 유교 이념으로 재정비하려는 의지를 보여주었어요. 이는 훗날 고려 시대 과거제도에 영향을 주었다는 점에서 큰 의미를 지녀요.

왕권의 강화를 위해서 민생 안정과 구휼 정책을 적극적으로 펼쳤어요.

786년 수도에 큰 기근이 들자, 총 6만 석 이상의 곡식을 나누어주는 등 적극적인 구휼 정책을 펼쳐 민심을 안정시켰어요.

790년, 전주(全州) 등 7개 주 백성을 동원하여 벽골제(碧骨堤)를 중축하여 농업 생산력 증대와 가뭄 대비를 위한 중요한 토목 사업을 시행했어요.

재위하는 동안 시중(侍中) 직위가 자주 교체되었으며, 전 시중 제공(悌恭)이 반란을 꾀하다 처형되는 등 중앙 귀족의 내분이 여전히 지속되었어요. 원성왕은 자기 손자인 김준옹(金俊邕)을 시중과 태자로 삼아 왕실 중심의 권력 운영을 시도했어요.

신라는 이 시기 발해(渤海)와 첫 공식 외교 관계를 맺었으며, 불교 진흥을 통해 왕실의 권위를 높였어요.

790년, 일길찬 백어(白魚)를 발해에 사신으로 파견했는데, 이는 신라가 발해를 공식적인 외교 상대로 인정하고 북방 관계를 관리하기 시작한 최초의 기록이에요.

785년 승관(僧官) 제도인 정법전(政法典)을 신설하여 승려를 관리하고, 794년에는 봉은사(奉恩寺)를 건립하는 등 불교 진흥을 통해 왕실의 권위를 높였어요.

원성왕은 798년에 승하(昇遐)했으며, 그의 손자 김준옹(金俊邕)이 뒤를 이어 신라 제39대 소성왕(昭聖王)으로 즉위했어요. 원성왕의 무덤인 사적 제26호 경주원성왕릉(慶州元聖王陵) 괘릉(掛陵)은 통일신라

(統一新羅) 시대의 뛰어난 석조 조각 기술을 보여주는 대표적인 유적이에요.

원성왕의 치세는 신라 하대의 혼란 속에서 새로운 왕실 질서를 확립하고 유교 이념을 도입하여 국가 체제를 재정비하려 노력한 과도기적인 시기로 평가되어요.

20 김예영 金禮英

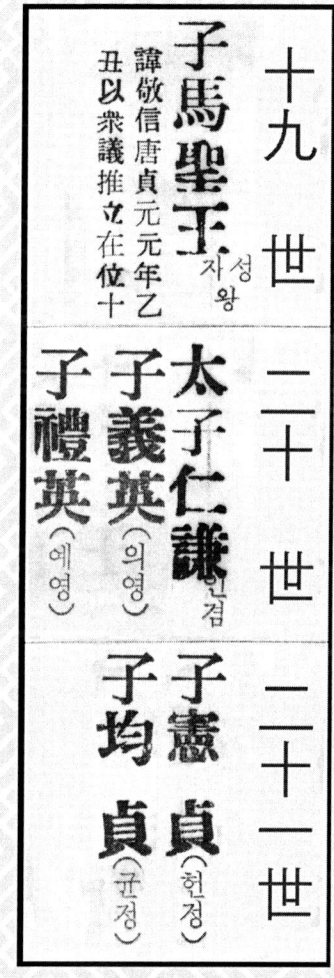

출처:경주김씨족보

김예영(金禮英)은 경주김씨(慶州金氏) 20세손으로 그의 아버지는 원성왕(元聖王)이고, 아들은 김헌정(金憲貞), 김균정(金均貞)이에요. 김예영은 신라 제38대 원성왕의 셋째 아들이에요. 그는 통일신라(統一新羅) 후기에 이찬(伊飡)이라는 높은 관직에 올랐어요. 그의 형으로는 태자(太子)로 책봉되었던 김인겸(金仁謙)과 김의영(金義英)이 있어요. 일부 족보에서는 원성왕이 마성왕(馬聖王)으로 한자 오표기되어 있고, 또 '자성왕'으로 한글 오표기되어 잘못 기록되기도 해요. 원성왕은 첫째 아들 후에 혜충태자(惠忠太子)로 추존된 김인겸과 둘째 아들 후에 헌평태자(憲平太子)로 추존된 김의영이 연이어 별세(別世)하자, 셋째 아들인 김예영 대신 김인겸의 아들인 손자 김준옹(金俊邕)을 태자로 책봉했어요. 김예영 본인은 직접 왕위에 오르지 못했지만, 후대에 혜강대왕(惠康大王)으로 추존되었어요. 그의 아들들인 김헌정과 김균정을 비롯한 후손들은 이후 신라 왕위 계승 과정에서 중요한 역할을 하며, 왕실의 한 축을 형성하게 되어요.

소성왕(昭聖王)은 신라(新羅) 제39대 왕으로 798년부터 800년까지 2년간 재위했어요. 본명은 김준옹(金俊邕)이며, 신라 제38대 원성왕(元聖王)의 손자예요. 짧은 치세였지만, 할아버지 원성왕의 뒤를 이어 원성왕 직계의 왕위 계승을 확고히 했으며, 혼란스러웠던 신라 하대(下代) 초기에 왕권 안정을 모색했던 인물이에요.

소성왕은 왕위에 오르기 전부터 할아버지 원성왕의 보살핌 아래 핵심 관직을 두루 거치며 능력을 인정받았어요.

아버지 혜충태자(惠忠太子) 김인겸(金仁謙)이 일찍 별세(別世)하자, 할아버지 원성왕의 특별한 관심 속에 성장했어요. 795년, 숙부(叔父) 헌평태자(憲平太子) 김의영(金義英)이 별세(別世)한 후 태자(太子)로 책봉되어 후계자의 지위를 굳혔어요.

789년, 젊은 나이부터 대아찬(大阿湌)으로 당나라에 사신으로 파견되고, 파진찬(波珍湌)을 거쳐 시중(侍中) 및 병부령(兵部令) 등 국정 핵심 요직을 맡아 능력을 키웠어요.

소성왕은 2년이라는 짧은 기간 동안 왕실의 권위를 높이고 인재 양성에 힘썼어요.

799년, 왕위에 오르기 전 별세(別世)한 아버지 김인겸을 혜충대왕(惠忠大王)으로, 어머니를 성목태후(聖穆太后)로 추존(追尊)하여 왕실의 정통성과 위상을 높였어요.

청주(菁州)의 거노현(巨老縣)을 국학(國學) 학생들의 녹읍(祿邑)으로 지정하여 유능한 유교 인재를 양성하고자 했어요. 이는 그의 할아버지 원성왕의 독서삼품과(讀書三品科) 정책을 계승한 것으로 해석되어요.

800년에 충분(忠芬)을 시중(侍中)으로 임명하여 국정을 맡기고, 첫째 아들 김청명(金淸明)을 태자(太子)로 책봉하여 다음 왕위 계승 구도를 빠르게 확고히 했어요. 800년 6월, 소성왕은 즉위한 지 불과 2년 만에 짧은 통치를 마치고 승하했어요. 그의 죽음은 다시 한번 신라 왕실에 섭정 체제와 권력 다툼의 빌미를 제공했어요.

첫째 아들 김청명(金淸明)이 13세의 어린 나이로 신라 제40대 애장왕(哀莊王)으로 즉위했어요.

어린 애장왕을 대신하여 소성왕의 동생이자 애장왕의 숙부(叔父) 병부령(兵部令) 김언승(金彦昇)이 섭정(攝政)을 맡았어요. 이 섭정 체제는 이후 김언승이 헌덕왕(憲德王)으로 즉위하는 권력의 발판이 되었어요.

소성왕의 딸 장화부인(章和夫人)은 훗날 신라 제42대 흥덕왕(興德王)의 왕비가 되는 등, 소성왕의 직계 자녀들은 이후에도 신라 왕실 내에서 중요한 위치를 차지했어요.

소성왕의 짧은 치세는 원성왕계의 왕위 계승을 확고히 하고 인재 양성과 유교 정치를 지속하려 했으나, 그의 이른 죽음은 신라 하대 왕실의 권력 다툼을 다시 심화시키는 계기가 되었어요.

애장왕(哀莊王)은 신라(新羅) 제40대 왕으로 800년부터 809년까지 9년간 재위했어요. 본명은 김청명(金淸明)이었으나, 즉위 후 김중희(金重熙)로 개명했어요. 그는 신라 제39대 소성왕(昭聖王)의 첫째 아들이며, 13세의 어린 나이에 왕위에 올라 숙부(叔父) 김언승(金彦昇)의 섭정(攝政)을 받았어요. 애장왕은 왕권 강화를 위한 개혁 정책을 추진했으나, 결국 숙부에게 시해당하며 신라 하대(下代)의 혼란스러운 왕위 쟁탈전을 상징적으로 보여준 비운의 군주예요.

800년, 부왕 소성왕의 갑작스러운 승하(昇遐)로 애장왕은 13세의 어린 나이에 왕위를 계승했어요. 어린 나이에 즉위했으나, 빠르게 숙부에게 권한을 부여하며 정국을 안정시키려 했어요. 어린 왕을 대신하여 숙부 김언승이 병부령(兵部令)에서 상대등(上大等)으로 임명되어 섭정을 총괄했어요. 이 섭정 체제는 훗날 비극의 씨앗이 되었어요.

애장왕은 원성왕계의 정통성을 확립하고 왕실의 권위를 높이는 데 주력했어요. 801년, 무열왕(武烈王)과 문무왕(文武王)의 묘당을 별도로 분리하고, 김(金)씨 시조인 미추이사금(味鄒尼師今)과 원성왕(元聖王) 계통 4대 조상을 중심으로 '5묘'를 재편하여 제사를 지냈어요. 이는 원성왕계의 독자적인 정통성을 확립하고 무열왕계와 차별화하려는 정치적 의도가 담겨 있었어요.

궁궐 내 임해전(臨海殿)을 크게 고치고 동궁(東宮)에 만수방(萬壽房)을 신축하는 등 왕실의 권위를 높이는 건축 활동을 진행했어요.

805년에 20여 개 조항이 있는 법규(法規)를 공포(公布)하여 국가의 기틀을 다졌으며, 804년에는 알천(閼川)에서 군대를 사열하며 국방력을 과시했어요.

애장왕은 지나친 불교계의 사치를 억제하고, 주변국과 우호적인 관계를 유지했어요. 806년, 새로운 사찰 건립을 금지하고, 불교 행사에서 값비싼 비단이나 금은 그릇 사용을 금지했어요. 또한 왕실 사찰 관리 기구의 명칭과 인원을 개편하는 등 사치스러워진 불교계의 폐단을 바로잡고 재정 부담을 줄이려 했어요. 이는 불교 자체를 억압하기보다 건전한 발전을 도모하려 한 개혁이었어요.

당나라와 우호 관계를 유지했으며, 803년에는 일본(日本)과 사신을 왕래하며 외교 관계를 정식으로 재개했어요. 이후 일본 사신들을 후하게 대우하며 양국 관계를 강화했어요.

애장왕의 왕권 강화 정책은 섭정을 맡았던 숙부 김언승의 권력에 위협이 되었고, 결국 비극적인 결말을 맞았어요. 809년, 섭정하던 숙부 김언승과 그의 동생 김제옹(金悌邕)이 반란을 일으켜 애장왕을 시해했어요. 이때 애장왕의 동생 김체명(金體明)도 함께 살해당했어요. 그의 장례 기록과 왕릉의 정확한 위치는 현재까지 전해지지 않아요.

반란을 주도한 김언승은 애장왕을 죽이고 왕위에 올라 신라 제41대 헌덕왕(憲德王)이 되었어요. 이 사건은 신라 하대 왕위 쟁탈전의 잔혹성과 권력 다툼의 심화를 상징적으로 보여줘요.

애장왕의 짧은 치세는 개혁 군주로서 자질을 보여주었으나, 그의 왕권 강화 노력은 기득권 귀족의 반발을 초래하며 결국 비극으로 막을 내렸어요.

㉑ 김균정 金均貞

출처:경주김씨족보

김균정(金均貞)은 경주김씨(慶州金氏) 21세손으로 그의 아버지는 김예영(金禮英)이고, 아들은 신무왕(神武王, 김우징), 헌안왕(憲安王, 김의정)이에요. 김균정은 신라의 왕족이에요. 김균정은 신라 하대(下代)의 혼란 속에서 여러 요직을 거치며 활약했어요. 애장왕(哀莊王) 3년인 802년에 대아찬(大阿湌)이 되었어요. 헌덕왕(憲德王) 4년 812년에 시중(侍中)에 올랐어요. 822년에 아들 김우징(金祐徵)과 함께 김헌창(金憲昌)의 난을 진압하는 데 큰 공을 세웠어요. 흥덕왕(興德王) 10년인 835년에 최고 관직인 상대등(上大等)으로 임명되었어요. 836년에 흥덕왕이 후사 없이 승하하자, 왕위를 둘러싼 치열한 다툼이 벌어졌어요. 김균정은 김명(金明, 민애왕), 이홍(利弘), 배훤백(裵萱伯) 등의 지지를 받던 김제륭(金悌隆, 희강왕)과 왕위 쟁탈전을 벌였어요. 이들은 적판궁(積板宮)에서 격렬한 싸움을 벌였고, 결국 김균정은 패배하여 김제륭의 병사들에게 살해되었어요. 이 전투에서 승리한 김제륭은 희강왕(僖康王)으로 즉위했어요. 김균정은 비록 왕위에 오르지 못하고 비극적인 최후를 맞았지만, 훗날 그의 아들인 김우징이 신무왕으로 즉위한 후 아버지의 공을 기려 성덕대왕(成德大王)으로 추존(追尊)되었어요.

헌덕왕(憲德王)은 신라(新羅) 제41대 왕으로 809년부터 826년까지 17년간 재위했어요. 본명은 김언승(金彦昇)이며, 원성왕(元聖王)의 손자예요. 헌덕왕은 숙부(叔父)로서 조카인 애장왕(哀莊王)을 시해하고 왕위를 찬탈한 인물로, 그의 치세는 북방 방어 강화 노력과 더불어 김헌창의 난을 포함한 극심한 국내외 혼란으로 점철되었어요.

헌덕왕은 섭정(攝政)으로 실권을 잡은 후 조카를 살해하고 왕위에 올랐어요.

즉위 전 시중(侍中)과 병부령(兵部令)을 거치며 정치적 기반을 다졌어요. 형 소성왕(昭聖王)이 일찍 죽자, 어린 조카 애장왕(哀莊王)의 섭정을 맡아 상대등(上大等)에까지 올라 실권을 장악했어요.

809년, 애장왕이 친정(親政)을 시작하려 하자 자신의 권력이 위태로워질 것을 우려했어요. 결국 동생 이찬 김제옹(金悌邕)과 함께 반란을 일으켜 애장왕과 그의 동생을 시해하고 스스로 왕위에 올랐어요. 이 사건은 신라 하대 왕위 다툼의 잔혹함을 상징해요.

왕위에 오른 후 헌덕왕은 국정을 안정시키고 대외 관계를 돈독히 했어요.

즉위 직후 이찬 김숭빈(金崇斌)을 상대등으로, 파진찬(波珍湌) 양종(良宗)을 시중(侍中)으로 임명하는 등 측근을 등용하여 왕권 안정을 꾀했어요.

당나라에 사신을 보내 왕위 계승을 공식적으로 알렸으며, 819년에는 당 헌종의 요청에 따라 순천군(順天軍) 장군(將軍) 김웅원(金雄元)이 이끄는 3만 군사를 파견하여 반란 진압을 도움으로써 당나라와의 우호 관계를 공고히 했어요.

826년, 발해의 위협에 대비하여 현재의 대동강인 패강(浿江)에 300리에 달하는 장성(長城)을 쌓도록 명령했어요. 이는 신라의 북방 영토를 확고히 하려는 적극적인 방어 정책이었어요.

헌덕왕 재위기는 중앙 귀족의 반란과 지방 민란이 연이어 발생하며 신라의 혼란이 극심해진 시기였어요. 822년, 원성왕과 왕위를 다투었던 김주원(金周元)의 아들 김헌창(金憲昌)이 웅천주(熊川州) 도독으로 임명된 것에 불만을 품고 무진주(武珍州), 완산주(完山州) 등 4개 주와 3개 소경을 거느리고 반란을 일으켰어요. 김헌창은 국호를 장안(長安)이라 칭하고 스스로 왕위에 올랐으나, 헌덕왕이 파견한 군대에 의해 진압되었어요. 이 반란은 신라 왕위 계승 경쟁에서 배제된 세력의 불만이 폭발한 사건이었어요.

815년과 816년에 잇달아 심각한 기근과 흉년이 들면서 민란이 빈번하게 발생했어요. 특히 816년에는 굶주림을, 견디지 못한 많은 신라인이 당나라 절동(浙東) 지역으로 이주하는 일이 발생했는데, 이는 당시 신라 사회의 극심한 경제적, 사회적 혼란을 단적으로 보여줘요.

헌덕왕은 차기 왕이 될 후계자를 지명하며 왕실의 안정적인 계승을 모색했어요. 822년에 후사가 없던 헌덕왕은 동생인 김수종을 차기 왕위 계승자인 부군(副君)으로 지명하고 월지궁(月池宮)으로 들이며 후계 구도를 정리했어요.

826년 10월에 승하(昇遐)했으며, 천림사(泉林寺) 북쪽에 묻혔어요. 현재 경주에 사적 제29호 헌덕왕릉(憲德王陵)이 지정되어 있어요.

그의 뒤를 이어 동생 김수종(金秀宗)이 신라 제42대 흥덕왕(興德王)으로 즉위했어요.

헌덕왕의 치세 때는 강력한 왕위 찬탈로 시작되었으나, 빈번한 민란과 특히 김헌창의 난과 같은 귀족 반란으로 인해 신라 하대의 혼란이 더욱 심화한 시기였어요. 그는 근친(近親) 혈족 위주로 정국을 운영하며 왕권 강화를 시도했으나, 이는 결국 더 큰 귀족 세력의 반발을 초래하는 원인이 되었어요.

흥덕왕(興德王)은 신라(新羅) 제42대 왕으로 826년부터 836년까지 10년간 재위했어요. 본명은 김수종(金秀宗)이며, 다른 이름으로는 김수승(金秀升)이고, 후에 김경휘(金景徽)로 개명했어요. 그는 원성왕(元聖王)의 손자이자 헌덕왕(憲德王)의 동생이에요. 흥덕왕의 치세는 신라 하대(下代)의 혼란 속에서 왕권 강화와 특히 장보고(張保皐)를 등용하여 해상 무역을 장악함으로써 국력을 신장시킨 시기로 평가되어요.

흥덕왕은 헌덕왕의 후계자로 지명된 후 왕위에 올랐으나, 왕비의 죽음으로 깊은 슬픔에 잠겼어요.

형인 헌덕왕에게 후사가 없자, 822년에 후계자인 부군(副君)으로 지명받아 상대등(上大等) 직위를 거치며 왕위 계승을 준비했어요. 826년 헌덕왕이 승하(昇遐)하자 왕위를 계승했어요.

왕비 장화부인(章和夫人)은 흥덕왕이 즉위한 해에 승하(昇遐)했으며, 정목왕후(定穆王后)로 추존되었어요. 흥덕왕은 그녀의 죽음에 슬퍼하여 평생 재혼하지 않고 시녀조차 가까이 두지 않았다는 일화가 전해져요.

흥덕왕의 가장 큰 업적은 해적 소탕과 해상 무역의 중심지 건설을 이룬 장보고의 활약이에요. 828년, 당나라에서 돌아온 장보고의 건의를 받아들여 병사 1만 명을 주어 현재 전남 완도에 청해진(淸海鎭)을 설치하게 했어요. 장보고는 이곳을 거점으로 해적과 왜구를 소탕하고 서남해안의 해상권을 완전히 장악했어요. 청해진은 신라의 국제적 해상 무역 중심지로 발전하여 신라의 대외 교역을 활성화하고 국제적 위상을 높이는 데 결정적인 역할을 했어요.

828년 사신 김대렴(金大廉)이 당나라에서 돌아올 때 차(茶) 종자를 가져오자, 흥덕왕은 이를 지리산(地理山)에 심게 하여 우리나라 차 문화의 시초를 마련했어요.

연이은 재난과 기근 속에서 왕권 강화를 위한 사회 개혁을 단행했어요. 829년, 집사부(執事部)를 집사성(執事省)으로 개칭하여 통치 기구의 위상을 높였고, 과거 전략적 요충지였던 당은군(唐恩郡)을 당성진(唐城鎭)으로 개편하여 군사적 방어를 강화했어요.

834년, 연이은 흉년과 질병으로 사회가 혼란해지자, 신분에 따라 남녀의 의복과 장신구를 규제하는 복식(服飾) 법령(法令)을 제정하여 사치를 금지하고 국가의 기강을 바로잡으려 했어요.

삼국통일(三國統一)의 영웅인 김유신(金庾信)을 흥무대왕(興武大王)으로 추존하여 신라의 정통성과 왕실의 권위를 강화했어요.

재위 기간 내내 가뭄, 서리, 전염병 등 자연재해가 끊이지 않자, 왕이 근신하고 죄수를 사면하며 사신을 보내 백성을 위로하는 등 민심을 안정시키려 노력했어요.

흥덕왕에게 왕위를 이을 후사가 없었기 때문에 그의 승하는 다시 한번 신라 왕실에 유혈 사태를 초래했어요. 836년 흥덕왕이 승하(昇遐)했고, 그의 유언에 따라 왕비 장화부인의 능에 합장되었으며, 현재 경주의 사적 제30호 흥덕왕릉(興德王陵)으로 남아있어요. 후계자가 없었기 때문에 그의 사촌인 상대등 김균정(金均貞) 세력과 또 다른 사촌인 김헌정(金憲貞)의 아들 김제륭(金悌隆) 세력이 왕위를 놓고 궁궐에서 격렬한 전투를 벌였어요.

  이 쟁탈전에서 김제륭 세력이 승리하고 김균정은 살해당했어요. 결국 김제륭이 신라 제43대 희강왕(僖康王)으로 즉위했어요.

  흥덕왕의 치세는 장보고를 통해 신라의 해상력을 극대화한 시기였으나, 그의 사후 발생한 격렬한 왕위 쟁탈전은 신라 하대 왕실의 통제력 상실과 혼란을 가중하는 결정적인 계기가 되었어요.

㉒ 신무왕神武王

```
二十一世
  子憲貞(헌정)
  均貞(균정)

二十二世
  子神武王 (신무왕)
  子憲安王 (헌안왕)

二十三世
  子文聖王 (문성왕)
  子英光 (영광)
  子興光 (흥광)
  子益光 (익광)
```

출처:경주김씨족보

김우징(金祐徵)은 신무왕(神武王)의 본명이며 경주김씨(慶州金氏) 22세손으로 그의 아버지는 김균정(金均貞)이고, 백부(伯父)는 김헌정(金憲貞)이에요. 아들은 문성왕(文聖王) 김경응(金慶膺), 김영광(金英光), 김흥광(金興光), 김익광(金益光)이에요. 김흥광은 경주김씨 23세손이면서 동시에 광산김씨(光山金氏) 시조(始祖)예요. 동생은 헌안왕(憲安王)이에요. 김우징은 828년 흥덕왕(興德王) 3년에 대아찬(大阿湌)과 시중(侍中)을 역임했어요.

희강왕(僖康王)은 신라(新羅) 제43대 왕으로 836년부터 838년까지 2년간 재위했어요. 본명은 김제륭(金悌隆) 또는 김제옹(金悌邕)이며, 원성왕(元聖王)의 증손자예요. 흥덕왕 사후 발생한 치열한 왕위 쟁탈전에서 승리하여 왕위에 올랐으나, 불과 2년 만에 자신이 등용한 세력에 의해 폐위당하고 스스로 목숨을 끊은 비극적인 군주예요. 그의 치세는 신라 하대(下代) 귀족 간의 권력 투쟁이 얼마나 극심했는지를 보여주는 대표적인 사례예요.

희강왕은 숙부(叔父)와의 무력 충돌 끝에 왕위를 차지했어요. 836년 흥덕왕이 후사 없이 승하하자, 왕위를 놓고 희강왕과 그의 숙부였던 상대등(上大等) 김균정(金均貞) 세력이 무력으로 충돌했어요. 희강왕을 지지하던 시중(侍中) 김명(金明), 아찬(阿湌) 이홍(利弘) 등의 세력이 김균정이 왕위에 오르려던 적판궁(積板宮)을 포위하고 공격하여 김균정을 죽이고 승리했어요. 이로써 김제륭이 희강왕으로 즉위했어요.

즉위 후 아버지 김헌정(金憲貞)을 익성대왕(翌成大王)으로, 어머니 포도부인(包道夫人)을 순성태후(順成太后)로 추존하며 왕실의 정통성을 강화하려 했어요.

희강왕은 자신을 도운 세력에게 보상을 내렸으나, 패배한 세력의 복수심은 신라 왕실의 분열을 더욱 심화시켰어요.

왕위 등극에 공을 세운 시중 김명을 최고위직인 상대등으로, 아찬 이홍을 시중으로 임명하여 권력을 나누어주며 정치적 안정을 도모했어요.

왕위 쟁탈전에서 패배한 김균정의 아들 김우징(金祐徵)은 가족을 이끌고 장보고(張保皐)의 청해진(淸海鎭)으로 망명하여 보호를 요청했어요. 또한, 김균정의 매제인 김예징(金禮徵)을 비롯해 김양(金陽) 등 반대파 세력은 각지로 흩어져 복수를 위한 세력을 모으며 신라 왕실은 극심한 분열 상태에 놓였어요.

희강왕은 자신을 왕위에 앉힌 핵심 세력에게 배신당하며 비참한 최후를 맞았어요. 즉위 2년 만인 838년 정월, 자신이 상대등으로 등용한 김명과 시중 이홍 등이 다시 군사를 이끌고 반란을 일으켰어요. 반란군이 궁궐을 장악하고 측근들이 제거되자, 자신의 목숨이 위태롭다고 판단한 희강왕은 궁궐에서 스스로 목을 매어 생을 마감했어요.

희강왕이 승하한 후, 반란을 주도했던 상대등 김명(金明)이 왕위에 올라 신라 제44대 민애왕(閔哀王)이 되었어요. 민애왕은 희강왕의 왕비와 오누이 사이였어요.

희강왕의 짧은 재위 기간은 권력에 눈이 먼 귀족들의 이합집산으로 인해 왕위가 불과 2년 만에 뒤바뀐 시기였어요. 이는 신라 하대 왕권의 취약성과 장보고 같은 지방의 강력한 군사력이 중앙 정치에 영향을 끼치기 시작하는 극도의 혼란기였음을 보여줘요.

민애왕(閔哀王)은 신라(新羅) 제44대 왕으로 838년부터 839년까지 1년간 재위했어요. 본명은 김명(金明)이며, 원성왕(元聖王)의 증손자예요. 그는 자신이 옹립했던 희강왕(僖康王)을 다시 시해하고 왕위에 오른 인물로, 그가 차지한 왕위는 청해진(淸海鎭) 장보고(張保皐)의 군사력을 등에 업은 김우징(金祐徵) 세력의 반격으로 인해 단 1년 만에 막을 내린 비운의 군주예요.

민애왕은 왕위 쟁탈전에서 결정적인 역할을 수행하며 권력을 차지했어요.

흥덕왕 사후 왕위 쟁탈전에서 김균정(金均貞)을 죽이고 김제륭(金悌隆)을 희강왕(僖康王)으로 왕위에 앉히는 데 주도적인 역할을 했으며, 그 공으로 최고위직인 상대등(上大等)에 올랐어요.

838년 정월, 이에 만족하지 못한 민애왕 김명은 시중 이홍(利弘)과 다시 군사를 일으켜 희강왕을 압박하여 스스로 목숨을 끊게 만들고, 신라 제44대 민애왕(閔哀王)으로 왕위에 올랐어요.

즉위 직후 아버지 김충공(金忠恭)을 선강대왕(宣康大王)으로, 어머니 귀보부인(貴寶夫人)을 선의태후(宣懿太后)로 추존하며 왕실 내 자신의 정통성을 강화하려 했어요.

민애왕의 왕위 찬탈은 장보고 세력의 복수를 초래하며 그의 비극적인 종말을 가져왔어요. 민애왕에게 왕위를 빼앗긴 김균정의 아들 김우징은 청해진에 피신해 있다가 장보고에게 군사 지원을 요청했어요. 장보고는 친구 정년(鄭年)에게 5천 명의 군사를 주어 김우징의 복수를 돕게 했어요. 838년 12월, 김우징 세력은 무주(武州)를 거쳐 수도 금성(金城) 인근의 달벌성(達伐城)까지 진격했어요. 민애왕은 군대를 보내 막으려 했으나 대패했어요. 결국 측근들이 모두 흩어지자, 월유택(月遊宅)으로 도망쳤으나, 반란군 병사들에게 살해당하며 1년 만에 짧은 재위를 마감했어요.

839년 1월, 민애왕이 승하한 뒤, 김우징이 신라 제45대 신무왕(神武王)으로 즉위했어요. 민애왕의 무덤은 현재 경주의 사적 제190호 민애왕릉(閔哀王陵)으로 지정되어 있어요.

민애왕의 시대는 신라 하대 왕위 쟁탈전이 극에 달했던 시기를 상징하며, 청해진 같은 지방의 강력한 군사력이 중앙 정치권력을 직접적으로 좌우하기 시작하는 혼란의 서막이었어요. 그의 비극적인 최후는 신라 왕실의 취약성과 멸망으로 이어지는 근본적인 문제점을 드러냈어요.

신무왕(神武王)은 신라(新羅) 제45대 왕으로 839년부터 839년까지 1년이 채 안 되는 동안 재위했어요. 본명은 김우징(金祐徵)이며, 원성왕(元聖王)의 증손이에요. 그는 아버지 김균정(金均貞)의 복수와 왕위 계승을 위해 청해진(淸海鎭)의 장보고(張保皐)에게 군사력을 지원받아 민애왕(閔哀王)을 제거하고 왕위에 올랐어요. 신무왕의 즉위는 지방의 강력한 군사력이 중앙 정치를 뒤흔든 신라 하대(下代)의 혼란을 상징적으로 보여주는 사건이에요.

신무왕은 왕위에 오르기 전부터 주요 관직을 역임하고 두 차례의 왕위 쟁탈전에 휘말렸어요. 대아찬(大阿湌)으로 김헌창(金憲昌)의 난을 진압하는 데 큰 공을 세웠고, 흥덕왕(興德王) 재위 시 시중(侍中)을 두 차례 역임하며 정치적 영향력을 키웠어요.

836년, 흥덕왕 사후, 아버지 김균정을 왕으로 추대하려 했으나, 민애왕 김명(金明) 세력에게 패배하여 아버지가 살해당했어요. 이것으로 인해 희강왕(僖康王)이 즉위했어요. 837년, 왕위 다툼에서 패배한 김우징은 가족과 함께 황산진(黃山津)을 거쳐 청해진으로 피신하여 해상왕 장보고의 보호 아래 들어갔어요.

김우징은 장보고의 군사력을 빌려 왕위를 되찾는 데 성공했어요. 희강왕을 시해하고 왕위에 오른 민애왕에게 복수하기 위해, 838년 3월 김우징은 장보고에게 딸을 왕비로 삼아주겠다는 약속과 함께 정예 병력 5천 명을 지원받았어요.

김우징은 김양(金陽)을 평동장군(平東將軍)으로 삼고, 장보고의 정예군과 함께 진격하여 민애왕 군대를 연이어 격파했어요. 839년 1월, 수도 금성(金城) 코앞의 달벌성(達伐城)까지 진출한 끝에 민애왕을 월유택(月遊宅)에서 살해하고 왕위를 차지했어요.

신무왕은 즉위 후 왕실 정통성 강화와 보은 인사를 단행했으나, 곧 승하했어요.

즉위 후 조부 김예영(金禮英)을 혜강대왕(惠康大王)으로, 아버지 김균정(金均貞)을 성덕대왕(成德大王)으로, 어머니 진교부인(眞矯夫人)을 헌목태후(憲穆太后)로 추존하여 원성왕계(元聖王系)로서의 정통성을 확립했어요.

왕위 획득에 결정적인 도움을 준 장보고에게 감의군사(感義軍使)

칭호와 식읍 2천 호를 하사하여 공로를 치하했어요.

즉위한 지 불과 몇 달 후인 839년 7월 23일에 등에 난 종기로 승하했어요. 이는 왕위 다툼 중 숙청된 이홍(利弘)이 꿈에 나타나 활을 쏘았다는 설화와 연결되어요.

그의 뒤를 이어 태자(太子) 김경응(金慶膺)이 신라 제46대 문성왕(文聖王)으로 즉위했어요.

신무왕의 치세는 신라 하대의 혼란 속에서 새로운 김우징계 왕실을 세우고 장보고와 같은 지방 세력과 연대했다는 점에서 큰 의미가 있어요. 하지만 즉위 후 몇 달 만에 승하해서 실제 업적은 왕위 즉위 성공과 첫째 아들 김경응을 빨리 태자로 삼아 평화롭게 왕위 계승한 것이라고 볼 수 있어요.

23 김흥광 金興光

출처:경주김씨족보

김흥광(金興光)은 경주김씨(慶州金氏) 23세손으로 그의 조부(祖父)는 김균정(金均貞)이고, 백조부(伯祖父)는 김헌정(金憲貞)이에요. 아버지는 신무왕(神武王, 김우징)이고, 숙부(叔父)는 헌안왕(憲安王, 김의정)이에요. 김흥광은 경주김씨 23세손이면서, 동시에 광산김씨(光山金氏) 시조(始祖)예요. 형으로는 문성왕(文聖王) 김경응(金慶膺)과 김영광(金英光)이 있고, 동생으로 김익광(金益光)이 있어요.

  김흥광은 신라 후기 신무왕의 셋째 아들로 태어났어요. 통일신라(統一新羅) 말기 나라가 어지러워 장차 국난이 일어날 것을 알고 현재의 전라남도 담양군 대전면 평장리인 무진주 추성군 서일동(武珍州 秋成郡 西一洞)에 은거함으로써 광산김씨 시조가 되어요. 김흥광의 손자 김길(金吉)이 고려의 개국공신이 되어 삼중대광(三重大匡)이 되자 고려 태조 왕건(王建)은 김흥광을 광산부원군(光山府院君)에 추봉(追封)하였고, 후손들은 이를 본관으로 삼아 광산김씨를 이어갔다고 해요.

  김흥광(金興光)은 800년대 중반에서 900년대 초반까지 활동했음을 추정할 수 있지만, 정확한 생년월일과 별세(別世) 일은 알려지지 않아요. 김흥광의 성격에 대한 구체적인 기록은 남아있지 않아요. 다만 그가 신라 말 혼란스러운 정국을 피해 은거했다는 사실을 통해 다음과 같은 성격을 추측해 볼 수 있어요. 혼란스러운 정국 속에서 자신의 안전과 미래를 현명하게 판단하고 대비했을 현명한 성격일 가능성이 있어요. 신라 왕족으로서 정치적 혼란을 겪으며 신중하고 조심스러운 성격을 갖게 되었을 가능성이 있어요. 복잡한 정치적 상황을 피해 조용히 은둔하는 삶을 선택한 것으로 보아, 세속적인 명예나 권력보다는 평온한 삶을 추구했을 가능성이 있어요. 광산김씨(光山金氏) 문중의 시조(始祖)로서 후손들에게 깊은 존경을 받았다는 점에서 덕망 있고 인자한 성격으로 추측할 수 있어요.

문성왕(文聖王)은 신라(新羅) 제46대 왕으로 839년부터 857년까지 18년간 재위했어요. 본명은 김경응(金慶膺)이며, 신라 제45대 신무왕(神武王)의 첫째 아들이에요. 그의 아버지는 신무왕 김우징(金祐徵)으로, 장보고(張保皐)의 강력한 군사적 지원 덕분에 민애왕을 제거하고 왕위에 오를 수 있었어요. 그러나 신무왕은 즉위 몇 개월 만에 병으로 승하하고, 신무왕의 뒤를 아들인 문성왕이 왕위를 이었어요. 문성왕은 즉위 후, 왕권 강화를 위해 아버지의 공신이자 해상세력의 거두였던 장보고를 오히려 제거함으로써 권력을 공고히 하려 했어요. 하지만, 이 조처는 결국 신라의 해상 통제력을 약화하였고 이로 인한 귀족들의 반란이 끊이지 않아, 신라 하대(下代) 혼란기의 군주로 평가받아요.

839년, 아버지 신무왕이 장보고의 도움으로 민애왕을 제거하고 왕위에 오른 해에 태자(太子)로 책봉되었고, 그해 7월 신무왕이 승하(昇遐)하자 뒤를 이어 왕위에 올랐어요.

즉위 후 장보고에게 진해장군(鎭海將軍) 칭호를 내리고, 아버지의 충신이었던 김예징(金禮徵)을 상대등(上大等)으로 임명하며 정국을 안정시키려 했어요.

847년, 민애왕 시절 전란으로 파손된 평의전(平議殿)과 임해전(臨海殿) 등을 대대적으로 복구하며 왕실의 권위를 회복하는 데 주력했어요.

문성왕은 강력한 지방 군사 세력인 장보고를 숙청하며 왕권을 강화하려 했으나, 이는 또 다른 혼란의 단초를 제공했어요. 845년, 문성왕이 장보고의 딸을 두 번째 왕비로 맞으려 했으나, "해적 출신 딸을 왕비로 맞을 수 없다"라는 중앙 귀족들의 강력한 반대에 부딪혀 뜻을 이루지 못했어요. 846년, 이에 장보고가 청해진(淸海鎭)을 거점으로 반란을 일으키자, 문성왕은 무주(武州) 출신인 염장(閻長)을 보내 장보고를 암살하는 데 성공했어요.

851년, 장보고 세력의 위협을 완전히 제거하기 위해 청해진을 폐지하고 그곳 주민들을 벽골군(碧骨郡)으로 강제 이주시켰어요. 이로써 왕권은 강화되었지만, 신라 해상 무역의 거점이 해체되어 신라의 해상 통제력이 크게 약화 되는 결과를 낳았어요.

장보고를 제거한 후에도 문성왕의 통치 기간 끊이지 않는 중앙 귀족들의 반란과 숙청은 계속되었어요. 841년 홍필(弘弼)의 모반, 847년 김양순(金良順) 세력의 반란, 849년 김식(金式)과 대흔(大昕) 등의 반란 등 귀족들의 권력 다툼과 반란이 계속 끊이지 않아 정국 불안이 심화했어요.

재위 기간 내내 가뭄, 전염병, 홍수, 메뚜기 떼 창궐 등의 천재지변이 빈번했으며, 852년 조부(租府) 화재, 855년 진각성(珍閣省) 화재 등 관청에서도 화재가 자주 발생하여 국정 운영에 차질을 빚었어요.

당나라와는 우호 관계를 유지하여, 840년 당나라가 신라 왕족과 유학생 105명을 귀국시키는 등 교류를 지속했어요.

문성왕은 아들에게 왕위를 물려주지 않고 숙부(叔父)에게 왕위를 넘겼어요.

857년 9월, 문성왕은 병에 걸려 승하(昇遐)하기 직전에 아들이 아닌 숙부 서불한(舒弗邯) 김의정(金誼靖)에게 왕위를 물려주겠다는 유언을 남겼어요.

문성왕 승하한 후, 그의 숙부 김의정(金誼靖)이 신라 제47대 헌안왕(憲安王)으로 즉위했어요.

문성왕의 치세는 왕권 강화의 대가로 해상 강국의 기반을 잃어버린 시기였으며, 귀족 세력의 뿌리 깊은 갈등으로 인해 신라 하대의 정치적 혼란이 더욱 굳어지는 과도기였어요.

헌안왕(憲安王)은 신라(新羅) 제47대 왕으로 857년부터 861년까지 4년간 재위했어요. 본명은 김의정(金誼靖) 또는 김우정(金祐靖)이며, 원성왕(元聖王)의 증손자예요. 그는 전임 왕인 문성왕(文聖王)의 숙부(叔父)이며, 문성왕의 유언에 따라 왕위를 계승했어요. 헌안왕은 짧은 재위 기간 재해 구제에 힘썼고, 특히 사위 김응렴(金膺廉)에게 왕위를 물려주는 평화로운 계승을 이룩하며 신라 하대(下代) 혼란기 속에서 보기 드문 안정적인 왕실 통치를 보여주었어요.

헌안왕은 전임 왕의 유언에 따라 왕위에 올랐어요. 아버지는 김균정(金均貞), 어머니는 조명부인(照明夫人)이에요. 그는 조명부인의 아들로, 신무왕(神武王)과는 이복형제 관계이며, 문성왕에게는 숙부가 되어요.

문성왕이 병세가 위독해지자 "효심과 우애가 깊고 총명하며 오랫

동안 재상의 지위에 있으면서 나라를 도왔다"라는 이유로 숙부 헌안왕에게 왕위를 물려주라는 유언을 남겼고, 이에 따라 857년 왕위에 올랐어요.

즉위 후 이찬(伊湌) 김안(金安)을 상대등(上大等)으로 임명하며 정국 안정을 도모했어요.

헌안왕은 자연재해 극복과 후계자 선정에 집중했어요. 재위하는 동안 858년, 가뭄, 서리 등의 자연재해가 연이어 발생하여 백성들의 삶이 곤궁해졌어요. 헌안왕은 859년에 관리들을 파견하여 구휼 활동을 펼치도록 하고, 제방을 쌓아 농업을 장려하는 등 민생 안정에 힘썼어요.

헌안왕은 아들이 없었으며, 두 딸만 있었어요. 860년에 희강왕(僖康王)의 손자인 김응렴(金膺廉)의 인물됨을 보고 깊은 감명을 받아 첫째 사위로 삼았어요. 헌안왕은 이 뛰어난 사위에게 왕위를 물려줄 것을 결정했어요. 헌안왕은 자신의 유언대로 왕위를 사위에게 물려주며 혼란기 속에서 귀감이 될 만한 평화적인 계승을 완성했어요.

861년 정월, 헌안왕은 병세가 위독해지자 당시 나이가 16세인 사위 김응렴에게 왕위를 계승하라는 유언을 남겨놓고 그달에 승하(昇遐)했어요.

헌안왕의 유언에 따라 사위 김응렴(金膺廉)이 왕위에 올라 신라 제48대 경문왕(景文王)이 되었어요.

헌안왕은 공작지(孔雀趾)에 묻혔으며 현재 경주에 사적 제179호 헌안왕릉(憲安王陵)이 있어요.

헌안왕은 짧은 재위 기간에도 불구하고 민생을 돌보고 평화적인 왕위 계승을 이룸으로써, 극심한 왕위 쟁탈전이 만연했던 신라 하대에서 상대적인 안정기를 끌어낸 현명한 왕으로 평가되어요.

경문왕(景文王)은 신라(新羅) 제48대 왕으로 861년부터 875년까지 14년간 재위했어요. 본명은 김응렴(金膺廉)이며, 제43대 희강왕(僖康王)의 손자예요. 부친은 김계명(金啓明)이에요. 헌안왕(憲安王)의 사위로 왕위에 오른 그는 약화한 왕권을 재건하고자 노력했으나, 귀족들의 끊임없는 반란과 자연재해로 인해 재위 기간 내내 정국 불안에 시달렸어요. 그의 시대는 신라 말기 붕괴의 전조가 본격화한 시기였어요.

경문왕은 헌안왕의 사위로 지명되어 왕위를 순조롭고 평화롭게 계승했어요. 860년, 헌안왕이 학문과 인물됨을 인정하여 첫째 딸 영화부인(寧花夫人)과 혼인하며 사위가 되었어요.

861년 헌안왕의 유언에 따라 왕위를 물려받았어요. 이후 863년, 영화부인의 동생까지 둘째 왕비로 맞이하며 왕실 내 권력 기반을 강화했어요.

866년, 아버지 김계명을 의공대왕(懿恭大王)으로, 어머니 광화부인(光和夫人)을 광의왕태후(光義王太后)로 추존했어요.

낙뢰로 파손된 황룡사(皇龍寺) 9층탑(九層塔)의 중건을 868년 시작, 873년 완공하고, 내분으로 훼손된 임해전(臨海殿), 조원전(朝元殿) 등의 궁궐 건축물을 보수하여 왕실의 위엄을 높였어요.

경문왕은 반란 세력에 강력하게 대응하며 왕권 유지를 위해 필사적으로 노력했어요.

국학(國學)을 방문하여 경서를 강론하고, 감은사(感恩寺)에서 제사를 지내고 연등회(燃燈會)를 관람하는 등 학문과 불교를 장려하며 민심을 수습하고 왕실의 권위를 높였어요.

재위하는 동안 866년, 이찬(伊湌) 윤홍(允興) 일가, 868년, 이찬 김예(金銳)와 김현(金鉉) 등, 그리고 874년, 이찬 근종(近宗) 세력 등 중앙 귀족들의 반란이 연이어 발생했어요.

경문왕은 이들 반란을 모두 진압했으며, 특히 근종 세력에게는 몸을 찢어 죽이는 형벌인 거열형(車裂刑)을 집행했어요.

경문왕과 관련한 특이한 설화는 당시 왕권의 불안정성을 은유적으로 보여줘요. 경문왕이 왕위에 오른 후 귀가 당나귀처럼 길어졌다는 설화가 전해져요. 이 비밀을 알았던 두건 만드는 장인인 복두장(幞頭匠)이 죽기 직전에 대나무 숲에 가서 "임금님 귀는 당나귀 귀!"라고 외쳤다는 이야기는 왕실 내부의 불안과 비밀이 밖으로, 새어나가는 신라 말기 사회상을 은유적으로 보여줘요.

경문왕의 침전에 밤마다 뱀이 몰려들었으나, 왕은 "뱀이 없으면 편히 잠들 수 없다"라며 뱀을 쫓지 않았다는 이야기도 전해져요.

경문왕은 875년 7월에 승하(昇遐)했으며, 왕릉의 정확한 위치는 현재까지 알려지지 않았어요.

그의 뒤는 첫째 아들 김정(金晸)이 계승하여 신라 제49대 헌강왕(憲康王)으로 즉위했어요.

경문왕의 치세는 겉으로는 왕실 권위를 유지하려 했으나, 내부적으로는 귀족들의 권력 투쟁이 심화하고 잦은 자연재해로 민심이 동요하는 등 신라 말기 붕괴의 그림자가 짙어진 시기였어요.

헌강왕(憲康王)은 신라(新羅) 제49대 왕으로 875년부터 886년까지 11년간 재위했어요. 본명은 김정(金貞)이며, 경문왕(景文王)의 첫째 아들이에요. 그의 치세는 기록적인 풍년과 사회 안정으로 인해 '태평성대(太平聖代)'를 누린 시기로 평가되지만, 동시에 왕실과 귀족들의 향락 문화가 극에 달해 신라 멸망의 구조적인 문제를 간과했다는 비판을 받아요.

헌강왕은 문치(文治)에 힘쓰며 비교적 안정적인 정국을 유지했어요. 866년 태자(太子)로 책봉된 후, 875년 7월 아버지 경문왕이 승하(昇遐)하자 왕위를 계승했어요. 그는 독서를 즐기고 천성이 총명했다고 전해져요.

즉위 후 황룡사(皇龍寺)에서 백고좌(百高座)를 열어 불경을 강론하는 등 문치에 힘썼어요.

재위하는 동안 자연재해가 거의 없었고 해마다 풍년이 이어졌으며, 879년 일길찬(一吉湌) 신홍(信弘)의 모반 사건을 제외하고는 정치적 안정이 유지되었어요.

880년 헌강왕이 월상루(月上樓)에 올라 수도 금성(金城)을 내려다보니 집마다 기와를 얹었고, 초가집이 없었으며, 밤늦도록 노랫소리와 풍악이 끊이지 않았다는 기록은 당시 신라 중앙의 번영을 상징적으로 보여줘요.

겉으로는 태평했으나, 왕실과 귀족들의 향락은 신라의 근본적인 쇠퇴를 가속했어요.

헌강왕이 포석정(鮑石亭)이나 금강령(金剛嶺) 등에 행차했을 때 산신(山神)이나 지신(地神)이 나타나 춤을 추었다는 설화가 전해져요. 후대에 이러한 춤을 '나라가 망할 징조'에 대한 경고로 해석했으며, 당시 귀족들이 향락에만 몰두하여 징조를 깨닫지 못했음을 지적해요.

헌강왕 치세의 평화는 지방 세력의 성장, 왕권의 구조적 약화, 세금 제도 붕괴 등 신라 하대의 근본적인 문제들이 일시적으로 수면 아래에 가라앉은 '폭풍 전야의 평온'이었다는 평가가 지배적이에요.

헌강왕은 외교 관계를 유지했으나, 동생에게 왕위를 넘기고 짧은 생을 마쳤어요.

878년, 당나라에서 황소(黃巢)의 난이 발생하여 일시적으로 교류가 중단되기도 했으나, 난이 진압된 후에는 사신을 파견하여 축하하는 등 우호 관계를 유지했어요. 886년에는 북쪽 말갈(靺鞨)의 작은 나라와도 화친을 요청받는 등 외교적 안정도 누렸어요.

헌강왕은 886년 7월에 승하(昇遐)했으며, 보리사(菩提寺) 동남쪽 현재 경주의 사적 제187호 헌강왕릉(憲康王陵)에 안장되었어요.

헌강왕의 뒤는 동생 김황(金晃)이 계승하여 신라 제50대 정강왕(定康王)으로 즉위했어요.

헌강왕의 재위기는 신라가 멸망하기 전 마지막으로 번영을 누린 시기로, 최고조에 달했던 귀족 문화와 더불어 쇠퇴 직전의 평화를 상징하는 중요한 역사적 순간이었어요.

정강왕(定康王)은 신라(新羅) 제50대 왕으로 886년부터 887년까지 1년간 재위했어요. 본명은 김황(金晃)이며, 경문왕(景文王)의 둘째 아들이자 헌강왕(憲康王)의 동생이에요. 헌강왕의 태평성대가 막을 내린 직후 즉위한 그는 짧은 재위 동안 가뭄과 반란을 겪었으며, 후사가 없어 누이동생에게 왕위를 물려줌으로써 신라의 마지막 여왕 시대를 열었어요.

정강왕은 형의 뒤를 이었으나, 짧은 시간 동안 불안정한 정국에 직면했어요. 886년 7월, 후사 없이 승하(昇遐)한 형 헌강왕의 뒤를 이어 왕위에 올랐어요.

이찬 준흥(俊興)을 시중(侍中)으로 임명하고, 형의 정책을 이어받아 887년 황룡사(皇龍寺)에서 백고좌(百高座)를 개최하여 불교(佛敎) 진흥에 힘썼어요.

헌강왕 시기의 풍요와 달리, 즉위 직후 서쪽 지방에 가뭄이 들어 황폐해지는 등 자연재해를 겪었어요.

887년, 한주(漢州)에서 이찬 김요(金蕘)가 반란을 일으켜 중앙정부의 통제력이 약화 되었음을 보여주었어요. 정강왕은 군대를 파견하여 이를 진압했어요.

정강왕은 후사 없이 승하하며 신라 역사상 특이한 왕위 계승을 결정했어요.

887년 5월 병을 얻은 정강왕은 그해 7월 5일에 1년이라는 짧은 재위 기간을 남기고 승하(昇遐)했어요.

정강왕은 후사가 없었기 때문에 누이동생 김만(金曼)에게 왕위를 물려주라는 유언을 남겼어요.

그의 유언에 따라 누이동생 김만이 신라 제51대 진성여왕(眞聖女王)으로 즉위했어요.

그의 무덤은 형 헌강왕릉(憲康王陵)과 가까운 보리사(菩提寺) 동남쪽에 있으며, 현재 경주의 사적 제186호 정강왕릉(定康王陵)으로 지정되어 있어요.

정강왕의 짧은 치세는 신라 중앙정부의 통제력 상실이 가속화되고 지방 호족들의 반란이 본격화하는 신라 멸망 직전의 과도기를 상징적으로 보여줘요.

진성여왕(眞聖女王)은 신라(新羅) 제51대 왕으로 887년부터 897년까지 10년간 재위했어요. 본명은 김만(金曼)이며, 경문왕(景文王)의 딸이자 헌강왕(憲康王)과 정강왕(定康王)의 누이예요. 신라의 세 번째이자 마지막 여왕인 그녀의 치세는 조세 제도의 붕괴, 농민 봉기의 폭발, 그리고 후삼국(後三國) 시대의 개막으로 특징지어지는 신라 멸망의 결정적인 시기였어요.

진성여왕은 오빠의 유언으로 왕위에 올랐으나, 곧 국정 혼란에 빠졌어요.

887년 7월, 정강왕이 대를 이을 후사 없이 승하하며 "천성이 명민하고 장부와 같은 체격을 지녔다"라는 유언에 따라 진성여왕이 왕위를 계승했어요.

즉위 후 1년 동안 조세(租稅)를 면제하고 황룡사(皇龍寺)에서 백고좌(百高座)를 여는 등 민심 수습에 나섰어요. 즉위 전부터 깊은 관계였던 각간(角干) 위홍(魏弘)에게 국정 전반을 맡겼어요. 위홍이 별세(別世)하자 혜성대왕(惠成大王)으로 추존했어요.

888년, 위홍과 대구화상(大矩和尙)에게 명하여 신라 향가(鄕歌)를 모은 『삼대목(三代目)』을 편찬하게 했어요.

894년, 당나라에서 돌아온 지식인 최치원(崔致遠)이 왕권 강화와 제도 개혁을 골자로 한 시무 10조(時務十條)를 건의했지만, 귀족들의 반대로 제대로 시행되지 못했어요.

진성여왕 시기는 신라 중앙정부의 통제력이 완전히 무너진 최악의 혼란기였어요.

위홍이 죽은 후, 여왕이 젊은 미남들을 궁궐에 불러들여 문란한 생활을 하고 그들에게 관직을 맡기면서 국정이 더욱 혼란에 빠졌다는 기록이 전해져요.

889년, 국가 재정이 바닥나자, 여왕은 관리를 보내 세금 납부를 강압적으로 독촉했어요. 이에 가뭄과 생활고에 시달리던 농민들이 폭발하여 사벌주(沙伐州)에서 원종(元宗)과 애노(哀奴)가 봉기했어요. 이 반란은 정부군이 진압하지 못할 정도로 강력했어요.

전국 각지에서 반란이 연이어 터져 나오며 신라의 통치 체제가 붕괴했어요.

견훤(甄萱)은 892년 완산주(完山州)에서 봉기하여 후백제(後百濟)를 칭하고 세력을 확장했어요.

궁예(弓裔)는 891년부터 북원경(北原京) 일대에서 군현을 공격하며 독자적인 세력을 구축했고, 894년에는 스스로 장군을 칭하며 후고구려(後高句麗) 건국의 기반을 다졌어요.

896년 서남쪽에서 적고적(赤袴賊)이라 불리는 농민군이 수도 금성(金城) 인근까지 침입했어요.

진성여왕은 결국 왕위를 후임에게 물려주고 혼란 속에서 생을 마감했어요.

897년 6월, 진성여왕은 "자신이 덕이 부족하여 도적이 일어나고 백성이 어렵다"라며 헌강왕의 서자인 김요(金嶢)에게 왕위를 물려주었어요. 진성여왕으로부터 양위 받은 김요는 신라 제52대 효공왕(孝恭王)으로 즉위했어요.

진성여왕은 897년 12월 북궁(北宮)에서 승하(昇遐)했으며, 황산(黃山)에 묻혔으나 왕릉의 정확한 위치는 알려지지 않아요.

진성여왕의 재위기는 신라가 통일왕조로서의 기능을 완전히 상실하고 후삼국이라는 새로운 시대 질서로 넘어가게 되는 분수령이었어요. 그녀의 통치 기간 지방 호족 세력이 확립되고 민란이 들불처럼 일어나 결국 신라는 멸망의 길로 접어들었어요.

효공왕(孝恭王)은 신라(新羅) 제52대 왕으로 897년부터 912년까지 15년간 재위했어요. 본명은 김요(金嶢)이며, 헌강왕(憲康王)의 서자(庶子)예요. 그는 신라가 후삼국(後三國) 시대로 완전히 진입하는 격동기에 왕위에 올랐으나, 견훤(甄萱)의 후백제(後百濟)와 궁예(弓裔)의 후고구려(後高句麗)의 끊임없는 공격에 시달리며 중앙정부의 통제력을 완전히 상실했어요. 그의 치세는 신라 하대(下代)의 비참한 몰락을 단적으로 보여줘요.

효공왕은 어린 나이에 왕위에 올랐으나, 나라는 이미 걷잡을 수 없는 혼란에 빠져 있었어요.

895년, 태자(太子)로 책봉되었고, 897년, 15세의 어린 나이에 진성여왕(眞聖女王)으로부터 왕위를 물려받았어요. 진성여왕은 스스로 덕이 부족함을 이유로 양위했어요.

그는 헌강왕이 사냥 중 만난 여인과의 사이에서 태어났다고 전해지며, 진성여왕이 그의 등에 솟은 두 개의 뼈를 보고 헌강왕의 아들임을 확인했다는 설화가 남아있어요.

즉위 후 어머니 김(金)씨를 의명왕태후(義明王太后)로 추존하고, 서불한(舒弗邯) 준흥(俊興)을 상대등(上大等)으로 임명하고, 아찬(阿湌) 계강(繼康)을 시중(侍中)으로 임명했으나, 이미 기울어진 국운을 막기에는 역부족이었어요.

효공왕 재위 기간은 신라가 후백제와 후고구려의 공격으로 영토를 급격히 잃은 시기예요.

900년, 견훤이 현재의 전주인 완산주(完山州)에 도읍을 정하고 후백제(後百濟) 왕을 칭하며 신라를 위협했어요. 901년, 대야성 공격과 907년, 일선군(一善郡) 이남 십여 개의 성들을 점령하는 등 신라 영토를 지속해서 약탈했어요.

궁예는 898년, 송악(松嶽)을 도읍으로 삼고 세력을 확장한 뒤, 901년, 왕위에 올라 후고구려를 건국했어요. 905년 죽령(竹嶺) 동북 지역까지 진출하며 신라의 북부 지역을 위협했고, 909년에는 해상으로 진도군(珍島郡) 등을 공격했어요.

효공왕은 외세의 위협에 제대로 대응하지 못하고, 오히려 개인적인 일에 몰두하며 왕실의 권위를 더욱 실추시켰어요. 신라 왕실은 후백제와 후고구려의 공격에 지방 성주들에게 성을 지키라는 지시만 내릴 뿐 제대로 된 군사적 대응을 하지 못했어요. 이는 중앙 왕실의 무능력과 군사력 약화를 단적으로 보여줘요.

효공왕은 총애하는 첩에게 빠져 국정을 소홀히 했고, 이에 간언하던 대신 은영(殷影)이 911년에 효공왕의 첩을 죽여버리는 사건이 발생했어요. 이는 왕실의 권위가 바닥으로 추락했음을 보여주는 충격적인 사건이었어요.

효공왕은 912년 여름에 승하(昇遐)했으며, 사자사(師子寺) 북쪽 현재 경주의 사적 제183호 효공왕릉에 묻혔어요. 후사 없이 승하한 효공왕의 뒤를 이어 왕위는 김씨에서 박씨로 넘어갔어요.

후사가 없었기 때문에, 아달라이사금(阿達羅尼師今)의 후손이자 헌강왕의 사위였던 박경휘(朴景暉)가 왕위에 올라 신라 제53대 신덕왕(神德王)이 되어요. 이로써 신라 말기의 박씨 왕조 시대가 시작되어요.

효공왕의 재위기는 신라가 사실상 몰락하여 영토가 경주 인근으로 축소되고, 후삼국 시대의 패권 다툼 속에서 중앙정부가 완전히 무력화된 비극적인 시기로 기록되어요.

신덕왕(神德王)은 신라(新羅) 제53대 왕으로 912년부터 917년까지 5년간 재위했어요. 본명은 박경휘(朴景暉)이며, 아달라이사금(阿達羅尼師今)의 후손이에요. 그는 효공왕(孝恭王)의 뒤를 이어 신라 말기 박씨 왕조를 다시 연 인물이지만, 그의 치세는 후백제(後百濟)와 태봉(泰封)의 위협이 최고조에 달해 신라의 국력이 경주 주변으로 축소된 암울한 시기였어요.

헌강왕의 사위였던 신덕왕은 왕위에 오르며 박씨 왕조의 정통성을 다시 확립했어요.

912년 4월, 효공왕이 후사 없이 승하(昇遐)하자 추대되어 왕위에 올랐어요. 이로써 신라의 왕위는 김(金)씨에서 박(朴)씨로 전환되었어요.

아버지 박예겸(朴乂謙)을 선성대왕(宣成大王)으로, 어머니를 정화태후(貞和太后)로 추존했어요. 왕위에 오르는 데 공이 컸던 헌강왕(憲康王)의 딸인 의성왕후(義成王后)를 왕비로 봉하고, 아들 박승영(朴昇英)을 태자(太子)로 책봉했어요.

이찬(伊湌) 계강(繼康)을 최고 관직인 상대등(上大等)으로 임명했어요.

신덕왕은 강력한 외세의 압박과 끊임없는 자연재해 속에서 나라를 이끌었어요.

신라의 지배력은 수도 경주 주변으로만 축소되었으며, 후백제(後百

濟)와 후고구려(後高句麗) 두 강국이 신라를 옥죄었어요.

궁예(弓裔)가 911년 나라 이름을 마진(摩震)에서 태봉(泰封)으로 바꾸고 독자적인 연호를 사용하는 등 강력한 중앙집권체제를 과시하며 신라의 북방 영토를 계속 압박했어요.

후백제의 견훤(甄萱)은 신라를 계속 압박했으며, 916년에는 신라 서쪽 방어의 요충지 현재의 합천인 대야성(大耶城)을 공격하여 신라의 국방력을 시험했어요.

재위하는 동안 913년, 914년, 916년, 지진, 때아닌 서리 등 기이한 현상이 끊이지 않았어요. 915년에는 동해 물결이 20장 높이까지 치솟는 기이한 자연현상이 발생했는데, 이는 당시 백성들의 불안감과 국운의 쇠락을 상징적으로 보여줘요.

신덕왕은 혼란 속에서 아들에게 왕위를 물려주고 박씨 왕조의 명맥을 이었어요.

신덕왕은 917년 7월에 승하(昇遐)했으며, 죽성(竹城)에 묻혔어요. 경주 배동 삼릉 중 가운데 무덤이 사적 제219호 신덕왕릉(神德王陵)으로 전해지지만, 이는 확실하게 확인된 사실은 아니에요.

그의 아들인 태자 박승영(朴昇英)이 왕위를 물려받아 신라 제54대 경명왕(景明王)으로 즉위했어요. 이로써 신라 말기 박씨 왕조는 계속 이어졌어요.

신덕왕은 후삼국의 혼란이 절정에 달한 시기에 왕위에 올라 나라의 쇠퇴를 지켜봐야 했던 불운한 왕이었어요. 그의 치세는 신라가 경주 일대의 지방 정권 수준으로 전락했음을 명확히 보여주는 시기였어요.

경명왕(景明王)은 신라(新羅) 제54대 왕으로 917년부터 924년까지 7년간 재위했어요. 본명은 박승영(朴昇英)이며, 신덕왕(神德王)의 첫째 아들이에요. 그의 치세는 후삼국(後三國)의 세력 다툼 속에서 신라가 생존을 위해 고려(高麗)에 의지하기 시작한 시기예요. 쇠락한 국력을 회복하지 못하고 후백제(後百濟)의 압박과 지방 장수들의 투항 속에서 비운의 시대를 보낸 왕이에요.

경명왕은 왕위에 오르자마자 후삼국 시대의 냉혹한 현실에 직면했어요.

917년, 아버지 신덕왕이 승하(昇遐)한 직후 왕위에 올랐으며, 동생 박위응(朴位膺)을 상대등(上大等)으로 임명하며 정치를 안정시키려 했어요.

918년, 왕건(王建)이 궁예(弓裔)를 몰아내고 고려를 건국하면서 한반도의 정세는 삼국 구도로 재편되었어요.

신라가 후백제의 위협에 맞서기 어려워지자, 920년 고려에 사신을 보내 우호 관계를 맺고 군사 원조를 요청했어요. 같은 해 후백제군의 대야성(大耶城) 공격을 고려의 원군 덕분에 격퇴했어요.

경명왕은 고려를 통해 후백제를 견제하려 했으나, 국토는 계속 잠식당했어요.

신라 중앙정부의 통제력은 이미 상실되어, 변경 지역 강주(康州)의 윤웅(閏雄), 명주(溟州)의 순식(順式) 등의 장군들이 잇따라 고려에 투항했어요. 심지어 923년에는 경명왕이 직접 장군들에게 고려에 항복하도록 명령할 정도로 신라의 국력은 쇠퇴했어요.

쇠퇴한 국력을 만회하기 위해 923년부터 중국의 후당(後唐)에 사신을 파견하는 등 외교적 노력을 기울였으나, 큰 결실을 보지 못하고 재위 기간을 마쳤어요.

잦은 재해와 기이한 현상들은 신라의 국운 쇠퇴를 상징적으로 보여줘요. 경명왕 재위 동안 강풍, 가뭄, 메뚜기 떼 창궐 등 자연재해가 이어졌어요. 또한 사천왕사 벽화 속 개가 울고, 황룡사(皇龍寺) 탑 그림자가 거꾸로 서는 등 기이한 현상들이 기록되어 있어 신라의 국운이 다했음을 상징적으로 보여줘요.

경명왕이 매사냥을 즐겼으며, 잃어버린 매를 되찾고 선도성모(仙桃聖母)에게 '대왕(大王)'의 작위를 내렸다는 설화는 당시 왕의 개인적인 관심사와 신앙심을 보여줘요.

경명왕은 924년에 승하(昇遐)해서 경주의 황복사(皇福寺) 북쪽에 묻혔어요. 경주 배동 삼릉 중 하나로 전해져요.

그의 뒤를 이어 동생인 박위응(朴位應)이 신라 제55대 경애왕(景哀王)으로 즉위했어요. 이로써 박씨 왕조의 명맥이 이어져요.

경명왕의 시대는 신라가 주변 강국의 눈치를 보며 겨우 명맥을 유지하던 시기였어요. 외세의 압박 속에서 지방 통제력을 완전히 잃어버린 그의 치세는 신라 멸망이 목전에 다가왔음을 보여주는 결정적인 순간이었어요.

경애왕(景哀王)은 신라(新羅) 제55대 왕으로 924년부터 927년까지 3년간 재위했어요. 본명은 박위응(朴魏膺)이며, 신덕왕(神德王)의 아들이자 경명왕(景明王)의 친동생이에요. 그의 치세는 후삼국(後三國)의 세력 다툼 속에서 신라가 마지막 힘을 쥐어짜 고려(高麗)와 연합하여 후백제(後百濟)를 견제하려던 시기였으나, 결국 후백제의 견훤(甄萱)에 의한 기습 공격으로 비극적인 최후를 맞이하며 신라 멸망의 상징이 되었어요.

경애왕은 즉위 후 고려와 연합하여 후백제에 대항하는 외교 정책에 집중했어요.

형인 경명왕이 승하(昇遐)하자 924년 8월 왕위에 올랐어요. 즉위 전에는 상대등(上大等)을 역임했어요.

경애왕은 국가의 존립을 위해 고려 왕건(王建)에게 사신을 보내 우호 관계를 맺고 후백제를 견제하는 정책을 펼쳤어요. 고려는 신라와의 관계를 중시하여, 925년, 수도 근처인 고울부(高鬱府) 장군(將軍) 능문(能文)이 투항했을 때 그를 다시 신라로 돌려보내기도 했어요.

925년, 고려와 후백제가 일시적으로 화친을 맺자, 후백제는 곧바로 신라를 공격하여 이십 개의 성을 점령하며 신라를 압박했어요.

927년에는 중국의 후당(後唐)에 사신을 파견하여 외교적 지원을 요청하는 등 다각적인 노력을 기울였어요.

경애왕의 마지막은 신라 천 년 사직의 멸망을 상징하는 비극으로 기록되었어요.

927년 1월, 고려 왕건이 후백제를 공격하자 경애왕은 신라군을 보내 지원했어요. 하지만 후백제는 같은 해 9월 대대적인 반격을 개시했어요.

후백제 왕 견훤은 고려의 원군이 도착하기 전에 신라의 수도 금성(金城)을 기습했어요.

당시 경애왕은 포석정(鮑石亭)에서 왕비, 후궁, 친척들과 연회를 즐기고 있었는데 견훤의 군대가 쳐들어온 것을 미처 알지 못했어요. 포위당한 경애왕은 결국 견훤의 위협에 못 이겨 스스로 목숨을 끊었으며, 왕비와 비첩들은 능욕을 당하는 비극적인 최후를 맞아요.

경애왕의 죽음으로 신라의 왕위는 마지막 왕인 김부(金傅)에게 넘어가요.

경애왕을 살해한 견훤은 헌강왕의 외손자이자 경애왕의 이종사촌 관계였던 김부를 새로운 왕으로 옹립했는데, 김부(金傅)가 마지막 신라 제56대 경순왕(敬順王)이에요.

경순왕 김부는 경애왕의 시신을 수습하여 남산 해목령(解目嶺)에 매장했어요. 현재 경주의 사적 제222호 경애왕릉(景哀王陵)으로 지정되어 있어요.

경애왕의 치세는 신라가 사실상 경주 지역만을 통치하는 소국으로 전락하고, 후백제의 군사력에 의해 왕조의 운명이 좌우되는 비참한 시기였어요. 포석정에서의 비극은 천년 왕국의 멸망이 눈앞에 닥쳤음에도 향락을 멈추지 못했던 신라 지배층의 몰락을 상징적으로 보여줘요.

경순왕(敬順王)은 신라(新羅) 제56대이면서 마지막 왕으로 927년부터 935년까지 8년간 재위했어요. 본명은 김부(金傅)이며, 문성왕(文聖王)의 후손이자 헌강왕(憲康王)의 외손자예요. 후백제 견훤(甄萱)의 추대로 왕위에 오른 그는 후삼국(後三國) 통일 전쟁의 격랑 속에서 신라를 지탱하려 노력했으나, 결국 고려(高麗)의 압도적인 국력과 국가 보존을 위해 자진하여 고려에 항복함으로써 992년 동안의 신라 왕조의 종말을 고했어요.

경순왕은 후백제의 추대로 왕위에 올랐으나, 고려와의 관계를 통해 신라의 존립을 모색했어요.

927년 9월, 후백제 견훤이 신라 수도 금성(金城)을 기습하여 경애왕(景哀王)을 살해한 뒤, 그의 이종사촌인 김부를 새로운 경순왕으로 옹립했어요.

즉위 후 곧바로 전왕인 경애왕의 장례를 치렀으며, 아버지 김효종(金孝宗)을 신흥대왕(神興大王)으로, 어머니를 계아태후(桂娥太后)로 추존하여 왕실의 권위를 세우려 했어요.

신라는 이미 고려의 도움으로 후백제를 견제하는 정책을 펴왔어요. 경순왕은 931년 고려 태조 왕건(王建)의 금성 방문을 환대하고, 사촌 동생 김유렴(金庾廉)을 볼모로 보내 동맹 관계를 강화했어요.

고려의 세력 우위와 견훤의 몰락은 경순왕의 최종 결정에 영향을 끼쳤어요.

경순왕의 재위 기간 내내 견훤은 신라를 끊임없이 침략하며 대목군(大木郡), 무곡성(武谷城) 등을 공격했어요. 이에 신라의 많은 장수와 군현이 고려로 투항하며 국력이 급격히 약화 되었어요.

930년 현재의 안동인 고창(古昌) 전투에서 고려가 후백제에 대승을 거두며 전세를 역전시켰어요. 결정적으로 935년 6월, 견훤이 아들 신검(神劍)에 왕위를 빼앗기고 고려에 투항하는 사건이 발생했어요. 왕건은 견훤을 상보(尙父)로 예우했어요.

935년 10월, 경순왕은 더 이상 나라를 지킬 수 없다고 판단하고 신하들과 항복을 논의했어요. 마의태자(麻衣太子)는 눈물을 흘리며 반대했지만, 경순왕은 백성의 안위와 국가 보존을 위해 고려에 투항할 것을 최종으로 결정했어요.

935년 11월, 경순왕의 항복으로 천년 사직의 신라는 992년의 역사를 뒤로하고, 역사 속으로 사라졌고, 그는 고려의 왕족으로서 여생을 보냈어요.

935년 11월, 항복을 한 후에 경순왕은 문무백관을 이끌고 신라의 수도 금성(金城, 경주)을 떠나 고려의 수도 송악(松嶽, 개성)으로 향했어요. 왕건은 직접 도성 밖으로 나가 그를 맞이하며 극진히 예우했어요.

왕건은 경순왕을 위해 신란궁(新鸞宮)을 지어 머물게 했고, 자기의 첫째 딸인 안정숙의공주(安貞淑懿公主)인 낙랑공주(樂浪公主)를 비롯하여 두 명의 딸을 경순왕에게 시집보내 사위로 삼았어요.

935년 12월, 경순왕은 정승공(正承公)이라는 최고의 관직에 봉해졌으며, 1천 석의 녹봉을 받는 파격적인 대우를 받았어요. 신라의 수도였던 서라벌(徐羅伐)은 경주(慶州)로 개칭되어 그의 식읍(食邑)으로 주어졌어요. 또한, 경주 사심관(事審官)에 임명되어 고려 사심관제도(事審官制度)의 시초가 되었어요.

975년, 고려 제5대 경종(景宗) 때 상보(尙父)와 도성령(都省令)의 직위에 오르고 총 1만 호의 식읍을 받으며 편안한 여생을 보냈어요.

경순왕은 978년 4월에 승하(昇遐)했으며, 그의 무덤은 경기도 연천군에 있는 사적 제244호 연천 경순왕릉(敬順王陵)이에요.

경순왕은 신라의 멸망이라는 비극적인 역사를 책임진 왕이지만, 더 큰 혼란과 백성들의 희생을 막기 위해 스스로 항복을 선택함으로써 평화적인 왕조 교체를 끌어낸 마지막 왕으로 평가되어요.

부록 김흥광 후손

一世 金興光 김흥광
新羅國 金氏王子이니 季世에 生하여 亂을 避하여 武州西一洞에 寓居하니 곧 後에 光州平章洞이며 光 世에 生하여 亂을 避하여 武州西一洞에 寓居하니 곧 後에 光州平章洞이며 光

二世 子 軾 식
角干이니 곧 平章의 秩이다

三世 子 佶 길
三重大匡司空이니 高麗太祖 統合時에 奇偉之策으로 王業을 도와 이룩하여 功臣의 稱號를 얻었다

출처:광산김씨족보

김흥광(金興光)은 경주김씨(慶州金氏) 23세손이면서 동시에 광산김씨(光山金氏) 시조(始祖)예요. 김흥광의 아들은 김식(金軾)이고, 손자는 김길(金佶)이에요. 김흥광의 손자 김길이 고려(高麗)의 개국공신이 되어 삼중대광(三重大匡)에 올랐어요. 그러자 고려 태조 왕건(王建)은 김흥광을 광산부원군(光山府院君)에 추봉(追封)하였고, 후손들은 이를 본관으로 삼아 광산김씨를 이어갔다고 해요.

"계림의 한그루가 광산에 옮겨 무성한 가지마다 꽃이 피었네"라는 노래의 가사처럼 김흥광의 후손인 광산김씨 인구가 천년 만에 현재 우리나라에서 백만 명 정도 된다고 해요. 우리나라 인구 53명 중 한 명 정도니 놀라지 않을 수 없어요. 사람은 누구나 소중한 존재예요. 이 책을 읽고 있는 사람 중에서도 누군가는 천년이 흐른 후에 자손이 백만 명이 되는 사람이 될 수 있어요. 충분히 가능한 이야기예요. 이렇게 된다면 우리나라에서 인구 부족 문제는 사라질 것이며 국력이 신장하여 신라(新羅)가 삼국통일(三國統一)을 한 것처럼 우리나라도 평화통일(平和統一)이 이루어지며 우리나라가 전 세계로 뻗어나가고 세계 1등 국가가 되어 영원히 번영할 것이에요.

선조 소개

경주김씨(慶州金氏) 계보도

신라 초기 왕실의 시조로 알려진 경주김씨 김알지(金閼智)를 시작으로, 그 후손들의 계보 중 하나는 아래와 같이 이어져요.

1세: 김알지(金閼智)
2세: 김세한(金勢漢)
3세: 김아도(金阿道)
4세: 김수유(金首留)
5세: 김욱보(金郁甫)
6세: 김구도(金仇道)
7세: 김말구(金末仇)
8세: 김내물(金奈勿) - 신라 제17대 내물왕(奈勿王, 내물마립간)
9세: 김복호(金卜好)
10세: 김습보(金習寶)
11세: 김지대로(金智大路) - 신라 제22대 지증왕(智證王)
12세: 김진종(金眞宗)
13세: 김흠운(金欽運)
14세: 김마차(金摩次)
15세: 김법선(金法宣)
16세: 김의관(金義寬)
17세: 김위문(金魏文)

18세: 김효양(金孝讓)

19세: 김경신(金敬信) - 신라 제38대 원성왕(元聖王)

20세: 김예영(金禮英)

21세: 김균정(金均貞)

22세: 김우징(金祐徵) - 신라 제45대 신무왕(神武王)

23세: 김흥광(金興光) - 신라 왕통의 후손으로, 경주김씨 23세손이며, 동시에 광산김씨 시조로 전해져요.

후손 소개

광산김씨(光山金氏) 계보도

신라 왕실 후손으로 알려진 김흥광(金興光)을 시조로 삼는 광산김씨 세대 계보 중 하나는 아래와 같이 이어져요.

1세: 김흥광(金興光) - 신라 신무왕(神武王)의 셋째 아들로 전해지며, 광산김씨 시조로 추대되어요.

2세: 김식(金軾)

3세: 김길(金佶)

4세: 김준(金峻)

5세: 김책(金策)

6세: 김정준(金廷俊)

7세: 김양감(金良鑑)

8세: 김의원(金義元)

9세: 김광중(金光中)

10세: 김체(金滯)

11세: 김주영(金珠永)

12세: 김광존(金光存)

13세: 김대린(金大鱗)

14세: 김연(金璉) - 양간공파(良簡公派)의 파조

15세: 김사원(金士元)

16세: 김진(金稹)

17세: 김영리(金英利) - 판군기감사공파(判軍器監司公派)의 파조

18세: 김정(金鼎)

19세: 김약채(金若采) - 관찰사공파(觀察使公派)의 파조

20세: 김한(金閑) - 총제공파(摠制公派)의 파조

21세: 김유돈(金有敦) - 현감공파(縣監公派)의 파조

22세: 김제(金濟)

23세: 김한웅(金漢雄) - 해운판관공파(海運判官公派)의 파조

24세: 김지(金祉)

25세: 김연국(金演國)

26세: 김개(金揩)

27세: 김상구(金尙九)

28세: 김완(金琓)

29세: 김만위(金萬暐)

30세: 김진년(金鎭年)

31세: 김주택(金周澤)

32세: 김상간(金相幹)

33세: 김수환(金壽煥)

34세: 김기혁(金箕赫)

35세: 김재화(金在化)

36세: 김극현(金極鉉)

37세: 김영득(金永得)

38세: 김승수(金承洙, 金丞洙) - 광산김씨 38세손이며, 경주김씨로는 60세손에 해당해요. 본 계보를 집필한 이 책의 저자예요. 족보와 주민등록의 한자가 달라서 두 개를 모두 표기했어요.

광산김씨(光山金氏)는 한국의 대표적인 김씨 본관 중 하나로, 고려시대부터 조선, 근현대에 이르기까지 여러 분야에서 유명 인물을 많이 배출한 가문이에요. 아래에 역사적으로나 근현대적으로 유명한 광산김씨 인물들을 소개하겠어요.

김길(金佶)은 삼중대광(三重大匡)으로 알려져 있어요. 본관은 광산김씨(光山金氏)예요. 학문이 탁월하고 덕망이 높았어요. 그는 고려(高麗) 태조 왕건(王建)을 도와 민족 통일의 대업을 이루는 데 크게 공을 세워 삼중대광이라는 품계에 이르렀어요. 활동 시대는 남북국시대(후백제)와 고려 전기예요. 주요 활동으로는 전라도 광주 지역에서 사공(司空)을 역임한 공신이에요. 할아버지는 신라 신무왕(神武王)의 셋째 아들이며, 태조 왕건이 광산부원군(光山府院君)으로 봉하여 광산김씨 시조가 된 김흥광(金興光)이에요. 아버지는 각간(角干)을 지낸 김식(金軾)이에요. 김길의 출생, 별세(別世), 활동 사항 등의 자세한 내용은 알려지지 않아요. 고려 건국 초기의 '삼중대광'은 관계(官階)의 최고 등급 중 하나였으며, 문산계의 정1품에 해당한다고 간주해요. 고려 건국 초기에는 중국식 문산계(文散階)가 정비되기 전, 독자적인 9품 16등급의 관계를 사용했어요. 태조 왕건 때부터 사용되었고, 후삼국 통일 과정에서 공을 세운 호족과 공신들에게 수여되었어요. 김길과 같은 개국공신들이 받은 삼중대광이 바로 이 고려 초기 최고 등급의 관계예요. 이 시기에는 아직 정1품, 종1품과 같은 품계가 세분되지 않았거나, 품계 명이 달랐어요.

김연(金璉)은 광산김씨(光山金氏)의 주요 분파 중 하나인 양간공파(良簡公派)의 파조이며, 고려 후기에 참지정사(參知政事) 등 재상급의 고위직을 역임한 문신이에요. 광산김씨 14세손이에요. 고려 후기 주로 원종부터 충렬왕 대에 활동하였으며, 1278년(충렬왕 4)에 별세(別世)했어요. 광산김씨가 고려 시대 명문가로 자리 잡는 데 이바지한 인물 중 한 명이에요. 광산김씨는 그를 비롯해 문숙공파 김주정, 문정공파 김태현 등 여러 중요 인물들을 파조로 삼고 있어요. 김연은 문신으로서 최고위 행정 관직을 두루 거쳤어요. 추밀원사(樞密院事), 지문하성사(知門下省事) 등 주요 관직을 역임했어요. 최종적으로 종2품 이상의 재상직인 참지정사에 올랐어요. 참지정사는 중서문하성(中書門下省)의 2품 이상 재신(宰臣) 중 한 명으로, 국가의 중대사에 참여하고 국정을 논의하는 핵심 관직이에요. 김연은 풍의(風儀)가 아름답고 행동이 법도에 어긋나지 않았다고 기록되어 있어요. 당대 사람들에게 덕망이 있는 사람인 장자(長者)로 칭송받았어요. 사후에 양간(良簡)이라는 시호(諡號)를 받아 양간공이 되었으며, 그의 후손들은 이 시호를 따라 양간공파를 이루었어요.

김주정(金周鼎)은 고려 시대 문신으로 광산김씨(光山金氏) 가문을 빛낸 핵심 인물 중 한 명으로, 특히 광산김씨 문숙공파(文肅公派)

의 파조(派祖)예요. 그는 몽골 간섭기라는 격변기에 무신과 문신을 겸하며 중요한 역할을 수행했어요. 광산김씨 14세손이에요. 1228년 출생, 1290년(충렬왕 16) 별세(別世)했어요. 학문을 좋아하고, 성격이 침착하고 관후하며 과묵하여 사귐에 경솔하지 않았다고 기록되었어요. 조상의 공덕으로 관직에 오르는 음서(蔭敍)로 부성위(富城尉)가 되었으며, 이후 문과에 급제하여 벼슬길에 올랐어요. 김주정은 고려 후기 원(元, 몽골)의 영향력이 커지던 시기에 다양한 분야에서 공을 세웠어요. 군사 지휘관으로서 진변만호(鎭邊萬戶)를 지냈으며, 원나라에 바치는 매를 관리하는 응방도감사(鷹坊都監使)를 역임했어요. 여몽 연합군의 일본 정벌(제2차 일본 원정)에 소용대장군(昭勇大將軍)과 좌우부도통(左右副都統)으로 참전했어요. 원정 당시 태풍으로 병선이 전복되는 위기 속에서 많은 군병들을 구출하는 공을 세웠어요. 중앙의 요직인 승지(承旨)를 역임하며 충렬왕을 가까이에서 보필했어요. 충청·전라·경상도 등 삼도(三道)의 계점도지휘사(計點都指揮使)에 올라 지방 행정을 총괄했어요. 충렬왕이 원나라에 갈 때 우부승지(右副承旨)로서 수행하며 외교 활동을 도왔어요. 왕경유수군(王京留守軍) 둔전(屯田) 지원으로 고통받는 백성의 어려움을 밝히고, 당시 정권을 주도하던 김방경(金方慶)에 대한 무고(誣告)를 밝히는 데 일조하기도 했어요. 김주정은 사후에 문숙(文肅)이라는 시호(諡號)를 받아 문숙공(文肅公)으로 불리며, 광산김씨의 5대 핵심 분파 중 하나인 문숙공파의 파조가 되었어요. 그의 아들 김심(金深) 역시 고려의 명신으로 충숙공(忠肅公)의 시호를 받았으며, 김심의 딸은 원나라 인종(仁宗)의 비(妃)가 되어 훗날 황후에 오르면서 광산김씨 가문의 위상을 더욱 높였어요. 이처럼 김주정은 고려 후기 혼란한 시기에 무신으로서 국난에 참여하고, 문신으로서 국정을 보필하며 광산김씨를 명문가의 반열에 올리는 데 중요한 발판을 마련한 인물이에요.

김태현(金台鉉)은 고려 후기 문신으로 광산김씨(光山金氏) 가문의 위상을 높인 핵심 인물이며, 고려의 최고위 관직 중 하나인 첨의정승(僉議政丞)에 올랐어요. 1261년(원종 2)에 태어나 1330년(충숙왕 17)에 별세(別世)했어요. 자(字)는 불기(不器), 호(號)는 쾌헌(快軒)이에요. 광산김씨 시조 김흥광의 후손으로, 아버지는 어사(御史)를 지낸 김수(金須)이며, 숙부(叔父)는 문숙공 김주정(金周鼎)이에요. 김태현은 충렬왕, 충선왕, 충숙왕 3대에 걸쳐 관직에 나아갔으며, 원(元)나라 간섭기의 격변 속에서 고위직을 역임했어요. 그가 최종적으로 오른 최고 관직은 첨의중찬(僉議中贊) 또는 도첨의중찬(都僉議中贊)이었는데, 이는 당시 원나라의 간섭으로 인해 고려의 관제가 격하되면서 종전의 문하시중(門下侍中)을 대신한 최고 수상직(정승직)이었어요. 이로써 그는 일인지하 만인지상의 지위에 오르며 국정 전반을 총괄했어요. 그의 성품은 강직하고 언행이 예의에 어긋나지 않았으며, 사람을 대할 때는 온화했어요. 특히 어머니에 대한 효성이 지극했다고 전해져요. 우리나라 사람들의 시문(詩文)을 모아 『동국문감(東國文鑑)』을 편찬했는데, 현재는 전하지 않지만, 고려 후기의 문학사적 연구에 중요한 저술 활동이에요. 충선왕(忠宣王)이 원나라에 억류되어 있을 때, 왕을 위해 원나라 황제에게 상소하여 왕의 충성심을 변호했어요. 사후에 문정(文正)이라는 시호(諡號)를 받아 문정공(文正公)으로 불리게 되었으며, 문정공파(文正公派)의 파조가 되어요. 이 시호는 학문적 업적이 뛰어나고 국정을 바르게 이끈 인물에게 주어지는 영예로운 시호예요. 김태현은 그의 숙부(叔父) 김주정(문숙공)과 김연(양간공)과 함께 광산김씨를 고려 시대 최고 명문가로 확립하는 데 크게 이바지했으며, 그의 후손들은 문정공파를 이루어 가문의 주류를 형성하게 되어요.

김국광(金國光)은 조선 전기의 문신이자 정치가로, 광산김씨(光山金氏)를 빛낸 핵심 인물 중 한 명이에요. 김국광은 1415년(태종 15년)에 태어나 1480년(성종 11년)에 세상을 떠났어요. 그의 본관은 광산김씨(光山金氏)이며, 호는 서석(瑞石), 시호는 정정(丁靖)이에요. 영의정 황희(黃喜)의 손녀와 결혼했으며, 조선 중기 예학의 대가인 김장생(金長生)의 5대조이기도 해요. 김국광은 1441년(세종 23년)에 문과에 급제하며 관직 생활을 시작했어요. 그의 생애에서 가장 중요한 전환점은 세조(世祖)의 즉위였어요. 그는 세조의 측근에서 활약하며 세조의 즉위를 도운 공으로 좌익 원종공신 3등에 책록되었어요. 세조는 그의 박학다식하고 뛰어난 일 처리 능력에 감복하여 "사지제일(事知第一)"이라는 별호를 직접 써서 하사할 정도로 그를 깊이 신뢰했어요. 세조의 신임 아래 그는 국가의 핵심 사업에 참여했어요. 특히, 신숙주 등과 함께 조선의 기본 법전인 『경국대전』 편찬 작업에 이바지했어요. 1467년에는 병조판서로 재직하며 함경도에서 일어난 이시애의 난 진압에 공을 세워 적개공신(敵愾功臣) 2등에 책봉되었고, 광산군에 봉해졌어요. 세조 사후, 예종과 성종이 즉위하는 과정에서 원상(院相)으로서 국정을 주도했어요. 1470년(성종 1년)에는 최고 관직인 좌의정에 올랐어요. 또한 성종 즉위를 도운 공으로 좌리공신(佐理功臣) 1등에 책봉되고, 봉호가 광산부원군(光山府院君)으로 승격

되었어요. 비록 동생이나 사위의 부정부패로 인해 대간(사헌부, 사간원)의 탄핵을 받아 일시적으로 관직에서 물러나기도 했으나, 성종의 배려로 계속 국정에 참여하며 큰 영향력을 행사했어요. 김국광은 조선 전기 세조부터 성종 대에 걸쳐 정계의 중심에서 행정, 군사, 법전 편찬 등 여러 방면에서 활약한 중요한 정치가예요.

김장생(金長生)은 1548년에 태어나서 1631년에 별세한 조선 중기의 학자이자 문신으로, 본관은 광산김씨(光山金氏), 자는 희원(希元), 호는 사계(沙溪)예요. 그의 학문적 성취와 정치적 영향력은 조선 성리학 발전에 중요한 역할을 했어요. 김장생은 이황과 이이의 학통을 이어받은 기호학파(畿湖學派)의 거두예요. 그는 율곡(栗谷) 이이(李珥)와 우계(牛溪) 성혼(成渾)의 문하에서 학문을 배웠으며, 특히 예학(禮學) 분야에서 독보적인 경지를 개척했어요. 예학은 유교의 경전인 『예기(禮記)』를 바탕으로 국가와 사회의 의례와 규범을 연구하는 학문으로, 김장생은 이를 실생활에 적용이 가능한 학문으로 발전시켰어요. 예학의 대가 김장생은 예학을 집대성하여 『가례집람(家禮輯覽)』, 『의례문해(儀禮問解)』 등의 저술을 남겼어요. 이 책들은 조선 후기까지 유교적 의례의 표준이 되었으며, 그의 학문은 아들 김집(金集)과 제자인 송시열(宋時烈), 송준길(宋浚吉)에게 전수되어 조선 성리학의 주류를 형성했어요. 특히 그의 예학은 사상적으로 서인(西人)의 정치적 기반을 제공하기도 했어요. 김장생은 여러 관직을 거쳤으나, 학문에 더욱 뜻을 두어 주로 후진 양성에 힘썼어요. 그는 병자호란 이후 인조(仁祖)가 효종(孝宗)에게 왕위를 물려줄 때 예법에 대한 자문을 제공하는 등 왕실의 중요한 예법 문제를 담당했어요. 사후 문원(文元)이라는 시호를 받았으며, 충남 논산의 돈암서원(遯巖書院)에 배향되었어요. 돈암서원은 그의 학덕을 기리는 곳으로, 유네스코 세계유산에 등재되었어요. 김장생의 학문은 송시열과 송준길에게 계승되어 노론(老論) 학파의 사상적 기초가 되었어요. 그의 예학은 예송논쟁(禮訟論爭)의 이론적 배경이 되었으며, 조선 후기 정치와 학문계를 이해하는 데 필수적인 인물이에요. 그의 학문적 태도는 실사구시(實事求是)를 강조하며, 이론을 현실에 적용하려는 노력이 돋보였어요. 김장생의 광산김씨 대파는 양간공파이고 중파는 판군기감사공파이고 소파는 퇴촌공파예요.

김집(金集)은 1574년에 태어나서 1656년에 별세한 조선 중기의 학자이자 문신으로, 본관은 광산김씨(光山金氏), 자는 사강(士剛), 호는 신독재(愼獨齋)예요. 그는 사계(沙溪) 김장생(金長生)의 아들로, 아버지의 학문을 계승하여 예학을 심화시키고 조선 성리학의 발전에 크게 이바지했어요. 김집은 어려서부터 아버지 김장생에게 학문을 배웠으며, 특히 예학(禮學)에 깊은 조예가 있었어요. 그는 율곡(栗谷) 이이(李珥)와 우계(牛溪) 성혼(成渾)의 학맥을 잇는 기호학파(畿湖學派)의 중심인물이 되었어요. 그의 학문은 단순한 이론적 탐구를 넘어, 실천을 중시하는 태도를 보였어요. 호인 신독재(愼獨齋)는 『중용(中庸)』의 '홀로 있을 때도 삼간다'라는 구절에서 따온 것으로, 이는 그의 학문적 태도와 인격을 잘 보여줘요. 예학의 계승 및 발전에서 김집은 아버지 김장생의 예학을 계승하여『상례비요(喪禮備要)』를 저술했어요. 이 책은 조선시대 상례(喪禮)의 표준이 되었으며, 그의 학문은 이후 송시열(宋時烈)과 송준길(宋浚吉)에게 전수되어 조선 후기 예송 논쟁의 이론적 토대가 되었어요. 김집은 여러 차례 높은 관직에 임명되었으나, 학문에 전념하기 위해 자주 사양했어요. 인조반정(仁祖反正) 이후에는 유일(遺逸)로 천거되어 장령, 집의 등의 벼슬을 지냈으며, 효종 대에 이르러 이조판서와 좌찬성까지 올랐어요. 특히 병자호란(丙子胡亂) 당시에는 척화(斥和)를 주장하며 주전론(主戰論)을 펼쳤어요. 그는 많은 제자를 길러냈는데, 그중 송시열과 송준길은 그의 학통을 이어받아 조선 후기 학계와 정계에 막대한 영향력을 행사했어요. 이들은 스승의 예학 사상을 발전시켜 서인(西人)의 정치적 기반을 공고히 했어요. 김집은 사후 문경(文正)이라는 시호를 받았으며, 아버지 김장생과 함께 충남 논산의 돈암서원(遯巖書院)에 배향되었어요. 그의 학문은 단순히 예법을 연구하는 데 그치지 않고, 인간의 도리와 올바른 삶의 태도를 강조하는 실천적 성향을 띠었어요. 그는 예학을 통해 사회의 질서와 개인의 윤리적 삶을 확립하려 했던 조선 성리학자의 전형이에요. 김집의 광산김씨 대파는 양간공파이고 중파는 판군기감사공파이고 소파는 퇴촌공파예요.

김만중(金萬重)은 1637년에 태어나서 1692년에 별세한 조선 중기에서 후기의 문신이자 소설가로, 본관은 광산김씨(光山金氏), 호는 서포(西浦)예요. 그는 조선 예학의 대가인 김장생(金長生)의 증손자이자, 숙종의 첫 번째 왕비인 인경왕후(仁敬王后)의 숙부(叔父)예요. 김만중은 어머니의 태교와 교육을 받으며 성장했고, 유복자로 태어나 어머니에 대한 효심이 깊었어요. 김만중은 1665년(현종 6년) 정시 문과에 장원 급제한 후 홍문관 대제학, 예조판서, 병조판서 등 여러 고위 관직을 역임했어요. 그러나 당파 간의 갈등이 심했던 숙종 시대에 여러 차례 유배와 복귀를 반복하는 파란만장한 삶을 살았어요. 그는 척화론을 주장하며 현실 정치에 적극적으로 이바지했어요. 김만중은 유배지에서 어머니를 위로하기 위해 한글로 소설을 집필했어요. 그는 한문을 '다른 나라의 말'로 여기고 우리말과 한글 문학의 가치를 높이 평가했어요. 그의 대표작은 다음과 같아요. 『구운몽(九雲夢)』은 유교, 불교, 도교의 사상이 복합적으로 담긴 작품으로, 주인공 성진이 인간 세상의 부귀영화가 한때의 꿈에 불과하다는 것을 깨닫는 내용의 소설이에요. 『사씨남정기(謝氏南征記)』는 숙종이 인현왕후를 폐위하고 장희빈을 왕비로 삼으려 하자, 이를 비판하기 위해 쓴 풍자 소설이에요. 가정 내의 갈등을 다루면서도 왕실의 문제를 우회적으로 비판한 작품이에요. 김만중은 유교적 지식인으로서 유교를 기반으로 한 사회 질서를 중시했지만, 동시에 불교, 도교 사상에도 깊이 통달하여 이를 문학 작품에 녹여냈어요. 특히 『구운몽』은 그의 폭넓은 사상을 잘 보여줘요. 또한, 그는 한문학 중심의 당시 문단에서 벗어나 한글 문학의 중요성을 강조했다는 점에서 근대적인 문학관을 가진 인물로 평가받아요. 그의 문학적 성취는 한국 고전 소설의 발전에 큰 영향을 끼쳤어요. 김만중의 광산김씨 대파는 양간공파이고 중파는 판군기감사공파이고 소파는 퇴촌공파예요.

김진옥(金盡玉)은 인경왕후(仁敬王后)의 본명이며, 본관은 광산김씨(光山金氏)예요. 1661년에 태어나서 1680년에 승하(昇遐)했어요. 광산김씨 후손 중에 조선시대에 한 분의 왕비를 배출했는데 바로 인경왕후예요. 인경왕후는 조선 제19대 왕 숙종(肅宗)의 첫 번째 왕비예요. 그녀의 아버지는 광성부원군(光城府院君) 김만기(金萬基)이며, 유명한 소설가 서포(西浦) 김만중(金萬重)의 형이에요. 즉, 그녀는 서포 김만중의 조카예요. 숙종이 즉위하기 전 세자빈 시절에 왕비가 되었으나, 어린 나이에 천연두를 앓다가 승하했어요.

김덕령(金德齡)은 조선 중기 임진왜란 때 활약한 의병장이에요. 광주(光州) 출신이며, 본관은 광산김씨(光山金氏), 시호는 충장(忠壯)이에요. 1567년(선조 즉위년)에 현재의 광주광역시 북구 충효동 일대인 전라도 광주 석저촌에서 태어났어요. 20세에는 형 김덕홍과 함께 성리학자 성혼(成渾)의 문하에서 학문을 수학했어요. 1592년 임진왜란이 발발하자, 형 김덕홍이 고경명 의병장 막하에서 금산 전투에 참여했다가 전사하고 이듬해 어머니마저 세상을 떠나자, 나라의 위기를 구하겠다는 충의 정신으로 상중(喪中)임에도 불구하고 의병을 일으켰어요. 담양 부사 이경린, 장성 현감 이귀 등의 천거와 전라도 관찰사의 권유로 의병을 조직했어요. 뛰어난 무용과 용맹으로 명성이 높았으며, 당시 광해군으로부터 익호장군(翼虎將軍)의 군호를, 선조로부터 충용장(忠勇將)의 군호를 받았어요. 1593년(선조 26년)에 의병장으로 임명된 후 전라도 경내로 침입하는 왜적을 물리치고, 영남에 진출하여 여러 방위전을 수행했어요. 1594년에는 이순신 장군과 함께 경상도 해안 지역에서 장문포 해전 등의 수륙 합동 작전에 참여하기도 했어요. 1596년(선조 29년) 충청도에서 서얼 출신 왕족 이몽학(李夢鶴)의 난이 일어나자, 이를 토벌하러 출병했으나 난이 평정된 후 회군하던 중 체포되었어요. 충청도 순찰사(巡察使) 이정암(李廷馣)의 종사관 신경행(辛景行)의 무고로 이몽학의 반란에 내통했다는 역모의 누명을 썼어요. 김덕령은 혹독한 고문을 받는 중에도 끝까지 억울함을 호소하며 "충효로써 죽음을 삼은 죄밖에 없습니다"라는 말을 남기고, 그해 8월 21일 29세의 젊은 나이로 옥사했어요. 그의 억울한 죽음은 당시 백성들에게 큰 충격과 슬픔을 안겼어요. 김덕령은 사후 60여 년이 지난 1661년(현종 2년)에야 억울함이 신원되어 관작이 복구되었어요. 1788년(정조 12년)에는 충장(忠壯)이라는 시호가 내려지고, 병조판서와 의정부 좌찬성에 추증되었어요. 그의 충절을 기리는 사당인 충장사(忠壯祠)가 광주에 건립되었으며, 그의 시호인 '충장'은 광주광역시의 주요 도로 이름인 충장로의 유래가 되었어요. 그의 억울한 죽음과 뛰어난 용력에 관한 이야기는 설화로 전승되어 민중의 영웅으로 추앙받고 있어요.

김수환(金壽煥)은 추기경(樞機卿)이며 1922년에 태어나서 2009년에 선종한 대한민국의 제3대 천주교 서울대교구장이에요. 본관은 광산김씨(光山金氏)예요. 그는 한국 가톨릭교회를 대표하는 상징적인 인물이자, 군사정권 시절 인권과 민주화를 위해 목소리를 낸 사회적 양심의 상징으로 존경받았어요. 김수환 추기경은 일제강점기인 1922년 대구에서 태어났어요. 어린 시절부터 신앙심이 깊었고, 일본 조치 대학(上智大學)에서 철학을 공부했어요. 1951년 사제 서품을 받았고, 이후 안동과 대구의 본당 주임을 거쳐 1966년에는 마산교구 초대 교구장으로 임명되었어요. 1968년에 그는 제3대 서울대교구장에 착좌하며 한국 가톨릭교회의 최고 지도자가 되었어요. 그리고 1969년 4월 28일에 교황 바오로 6세에 의해 한국인 최초의 추기경으로 서임되었어요. 당시 그는 전 세계 추기경 중 최연소였어요. 김수환 추기경은 유신 정권과 군사 독재 시절, 사회적 약자와 인권 탄압에 대한 비판을 멈추지 않았어요. 그는 1975년 인혁당 사건 관련자들이 사형당하자 "하느님과 역사는 오늘, 이 정권이 저지른 일에 대해 심판할 것"이라며 강하게 비판했어요. 1980년 광주 5.18 민주화운동 당시에 계엄군이 광주 시민을 무력 진압하는 것에 대해 항의하며 "나를 먼저 밟고 지나가라"라고 말하는 등 용기 있는 행동으로 많은 이들에게 감동을 주었어요. 1987년 박종철 고문치사 사건 이후 6월 민주항쟁이 절정에 달했을 때, 명동성당에 피신한 시위 학생들을 보호하며 경찰의 진입을 막았어요. 그의 이러한 행보는 단순히 종교 지도자의 역할을 넘어, 군부 독재 시절 국민에게 용기와 희망을 주는 상징적인 존재가 되었어요. 김수환 추기경은 "고통받는 이들과 함께하겠다"라는 신념을 평생 지켰어요. 그의 말씀과 행동은 종교를 넘어선 깊은 울림을 주었어요. "사랑은 곧 하느님"이라는 메시지를 통해 사회의 화합과 용서를 강조했어요. 또한, 퇴임 후에도 '바보'를 자처하며 낮은 자세로 봉사하며 소탈한 삶을 살았어요. 그의 안경은 많은 이들에게 그의 소박한 인품을 떠올리게 하는 상징이 되었어요. 2009년 선종(善終)했을 때, 수많은 국민이 그의 마지막 가는 길을 배웅하며 애도했어요. 그의 정신은 지금도 많은 사람들에게 기억되고 있어요.

김태형(金泰亨)은 방탄소년단(BTS) 멤버 뷔의 본명이며, 1995년 대구광역시에서 태어났어요. 본관은 광산김씨(光山金氏)예요. 2013년에 7인조 보이그룹 방탄소년단 멤버로 데뷔하여 서브 보컬과 댄스를 맡고 있어요. 뷔는 가수 활동 외에 연기 활동도 병행했어요.

2016년 KBS 드라마 '화랑'에서 한성 역할을 맡아 배우로 데뷔했어요. 2023년에는 솔로 앨범 'Layover'를 발매하며 솔로 활동을 시작했어요. 이 앨범에는 타이틀곡 'Slow Dancing'을 비롯해 'Rainy Days', 'Love Me Again', 'Blue', 'For Us' 등 총 6곡이 수록되었어요. 특히 'Love Me Again'과 'Slow Dancing'은 각각 빌보드 '핫 100' 차트에 진입하며 좋은 성과를 거두었어요. 이 앨범은 뉴진스를 제작한 민희진 대표와 협업하여 화제가 되기도 했어요. 개인적으로는 2021년 인스타그램 계정을 개설한 후, 43분 만에 100만 팔로워, 4시간 52분 만에 1,000만 팔로워를 달성하여 기네스 세계 기록에 등재되었어요. 방송연예학 및 광고 미디어 MBA를 전공했어요. 병역은 육군 만기 전역했어요.

김석진(金碩珍)은 방탄소년단(BTS) 멤버 진의 본명이며, 1992년 경기도 안양시에서 태어났어요. 본관은 광산김씨(光山金氏)예요. 2013년에 7인조 보이그룹 방탄소년단 멤버로 데뷔하여 서브 보컬을 맡고 있어요. 진은 2022년 10월 솔로 싱글 'The Astronaut'을 발표했으며, 이 곡은 팬들을 향한 마음을 담은 곡으로 빌보드 '핫 100' 차트 51위를 기록했어요. 2024년 11월에는 첫 솔로 앨범 'Happy'를 발매하며 솔로 활동을 본격화했어요. 영상영화학 및 광고 미디어 MBA를 전공했어요. 병역은 육군 만기 전역했어요.

김경애(金曔愛)는 1945년 전라북도 남원에서 태어난 대한민국의 배우예요. 본관은 광산김씨(光山金氏)예요. 1966년 신필름 영화사 영화 '나는 매국노'의 조연으로 데뷔했어요. 영화뿐만 아니라 1980

년대부터 텔레비전 드라마에도 출연했으며, 여러 드라마에서 조연과 단역으로 출연하며 무속인 연기로 잘 알려져 '무당 전문 배우'라는 별칭을 얻었어요. 1995년 SBS 드라마 '장희빈'에서 처음 무당 연기를 선보였어요. 주요 출연작으로는 영화 '아라한 장풍 대작전', '김복남 살인사건의 전말', '고령화 가족' 등이 있으며, 드라마로는 '전원일기', '대추나무 사랑걸렸네', '사랑과 전쟁', '태조 왕건' 등이 있어요. 김경애는 연기 활동 외에도 영등포교도소 교정 위원, 극단 여인극장 대표, 한국영화배우협회 운영위원, 고봉 정보통신 중고등학교 취업 지도위원 위원장 등을 역임하며 다양한 활동을 펼쳤어요. 2013년 제50회 대종상 영화제 특별연기상을 받았으며, 2007년에 국민 추천 사회발전 유공자로 국무총리 표창을 받았어요.

김용건(金容建)은 1946년생으로 대한민국의 중견 배우예요. 본관은 광산김씨(光山金氏)예요. 1966년 MBC 특채 성우로 데뷔한 뒤, 같은 해 KBS 7기 공채 탤런트에 합격하며 배우 생활을 시작했어요. 김용건은 다양한 역할을 소화해 왔어요. 특히, 드라마 '전원일기'에서 성실한 장남 '용진' 역으로 대중에게 잘 알려졌어요. 이후에는 대기업 회장이나 가부장적인 아버지 역할로도 많이 출연했어요. 또한, 예능 프로그램 '나 혼자 산다'에 출연하여 중년의 세련된 싱글 라이프를 공개하며 젊은 층에도 인기를 얻었어요. 2018년에는 예능 '꽃보다 할배'에 막내 멤버로 합류하여 유쾌한 모습을 보여주기도 했어요. 김용건은 배우 하정우(본명: 김성훈)와 차현우(본명: 김영훈)의 아버지로 유명해요.

김성훈(金成勳)은 배우 하정우의 본명이며 대한민국의 배우, 영화감독, 각본가, 영화 제작자예요. 본관은 광산김씨(光山金氏)예요. 1978년생이에요. 배우 김용건의 장남이자, 배우 차현우의 친형이에요. 하정우는 2003년 영화 '마들렌'으로 데뷔했어요. 이후 '추격자', '국가대표', '황해', '범죄와의 전쟁: 나쁜 놈들 전성시대', '베를린', '더 테러 라이브', '암살', '터널', '신과 함께' 시리즈 등 수많은 흥행작에 출연하며 한국 영화계를 대표하는 배우로 자리매김했어요. 그는 연기 활동뿐만 아니라 영화감독으로도 활동했는데, 2013년 영화 '롤러코스터'와 2015년 영화 '허삼관'의 각본과 감독을 맡기도 했어요. 연극영화학을 전공했어요.

김영훈(金英勳)은 배우 차현우의 본명이며 1980년 서울특별시에서 태어난 배우이자 제작자예요. 본관은 광산김씨(光山金氏)예요. 아버지는 배우 김용건이고, 형은 배우 하정우(본명: 김성훈)예요. 1997년 R&B 보컬 그룹 '예스 브라운'의 멤버로 데뷔하여 가수 활동을 먼저 시작했어요. 2003년 극단 '유'에 들어가 연기를 시작했으며, 2009년 드라마 '전설의 고향'으로 배우로 정식 데뷔했어요. 이후 '로드 넘버 원', '대풍수' 등의 드라마와 '퍼펙트게임', '이웃 사람' 등의 영화에 출연했어요. 현재는 배우 활동보다는 형 하정우가 설립한 소속사의 대표이사로 재직하며 제작자로의 역할을 주로 하고 있어요.

김태평(金泰坪)은 배우 현빈의 본명이며, 1982년 서울에서 태어난 대한민국의 배우예요. 본관은 광산김씨(光山金氏)예요. 2003년 KBS 드라마 '보디가드'로 데뷔했으며, 2005년 MBC 드라마 '내 이름은 김삼순'에서 '현진헌' 역을 맡아 신드롬에 가까운 인기를 얻으며 스타덤에 올랐어요. 이후에도 '시크릿 가든'(2010), '사랑의 불시착'(2019) 등 다수의 드라마 흥행을 이끌며 한류 스타로 자리매김했어요. 영화에서도 활발하게 활동하며 '역린'(2014), '공조'(2017), '협상'(2018) 등 다양한 장르의 작품에 출연했어요. 특히 2024년 개봉한 영화 '하얼빈'에서는 독립운동가 안중근 역을 맡아 깊이 있는 연기를 선보였어요. 병역은 해병대에 자원입대하여 화제가 되었으며, 만기 전역했어요. 연극영화학 및 공연영상학을 전공했어요. 배우 손예진과 결혼하였어요.

김아중(金亞中)은 1982년 서울특별시 동대문구에서 태어난 대한민국의 배우예요. 본관은 광산김씨(光山金氏)예요. 2002년 의류 브랜드 모델로 데뷔한 뒤, 2004년 드라마를 통해 정식으로 배우 활동을 시작했어요. 2006년 영화 '미녀는 괴로워'에서 주연을 맡아 큰 인기를 얻으며 스타덤에 올랐어요. 이 외에도 영화 '광식이 동생 광태', '나의 PS 파트너', '더 킹', '나쁜 녀석들: 더 무비', 드라마 '싸인', '펀치', '명불허전' 등 다수의 작품에 출연했어요. 방송연예학 및 방송영상학을 전공했어요.

김상중(金相中)은 1965년 부산에서 태어난 대한민국의 배우이자 방송인이에요. 본관은 광산김씨(光山金氏)예요. 김상중은 1990년 연극 '아이 러브 빵'으로 데뷔했으며, 1994년 MBC 특채 탤런트로 발탁되며 본격적인 방송 활동을 시작했어요. 이후 '목욕탕집 남자들', '그대 나를 부를 때', '거짓말' 등 여러 드라마에 출연하며 연기력을 인정받았어요. 특히, '두사부일체' 시리즈에서는 카리스마 넘치는 보스 역할을 코믹하게 소화하며 대중적인 인기를 얻었어요. 그의 대표작으로는 드라마 '추적자 THE CHASER', '징비록', '역적: 백성을 훔친 도적' 등이 있으며, 특히 2008년부터 SBS 시사교양 프로그램 '그것이 알고 싶다'의 진행을 맡아 '그런데 말입니다'라는 유행어를 탄생시키며 국민 MC로도 큰 사랑을 받았어요. 연극영화학을 전공했어요. 병역은 해병대 만기 전역했어요.

김상중(金上中)은 배우 김수로의 본명이며, 1970년 경기도 안성에서 태어났어요. 본관은 광산김씨(光山金氏)예요. 영화는 '주유소 습격 사건'에서의 명대사로 유명해졌으며, '반칙왕', 'S 다이어리', '태극기 휘날리며' 등 다양한 영화에서 조연과 주연을 넘나들며 인상 깊은 연기를 선보였어요. 드라마는 '신사의 품격', '돌아와요 아저씨' 등 여러 드라마에도 출연했어요. 예능은 '패밀리가 떴다', '진짜 사나이' 등 프로그램에서 뛰어난 예능감을 보여주며 대중에게 친근한 이미지를 쌓았어요.

김성갑(金性甲)은 야구인으로 선수 시절 2루수와 3루수의 내야수로 활약했으며, 은퇴 후에는 오랜 기간 코치와 감독 대행 등을 역임한 베테랑 지도자예요. 본관은 광산김씨(光山金氏)예요. 배우이자 가수인 유이의 아버지로도 대중에게 알려져 있어요. 뛰어난 수비와 주루를 갖춘 '작은 거인' 김성갑은 1962년생으로, 1985년 삼성 라이온즈에 1차 지명으로 입단하며 프로 생활을 시작했어요. 작은 키였지만, 뛰어난 민첩성과 수비 능력을 자랑하며 KBO리그에서 11

년간 활약했어요. 삼성에서 빙그레로 트레이드된 후 전성기를 맞았어요. 특히 수비에서 두각을 나타내 1987년 10월부터 1988년 7월까지 3루수 역대 최다인 67경기 연속 무실책이라는 대기록을 세웠어요. 태평양으로 다시 트레이드된 후에는 주로 노련한 2번 타자로 출장하며 팀의 공격에 이바지했고, 은퇴 직전인 1995년에는 2루수 부문 올스타에 선정되기도 했어요. 타격에서는 통산 타율 0.235로 뛰어난 편은 아니었지만, KBO 역대 최경량 선수 기록을 보유할 정도로 작은 체구에도 불구하고 강한 승부욕과 뛰어난 수비력을 바탕으로 롱런한 선수로 평가되어요. 김성갑은 1995년 현역 은퇴 후 곧바로 지도자의 길을 걸었으며, 수비, 주루, 작전 코치 등 다양한 분야에서 20년 이상 경험을 쌓았어요. 1996년 현대 유니콘스 창단 코치로 시작하여, 팀이 해체되고 히어로즈로 바뀌는 과정에서도 수비, 주루, 작전 코치 등 여러 보직을 맡으며 팀에 헌신했어요. 특히 넥센 히어로즈의 퓨처스팀(2군)인 화성 히어로즈 감독을 역임하며 유망주 육성에 힘썼어요. 2012년 9월, 넥센 히어로즈 1군 김시진 감독이 경질되자 남은 시즌 동안 1군 감독 대행을 맡아 팀을 이끌었어요. 2016년 SK 와이번스의 수석 코치로 자리를 옮긴 후, 2018년 트레이 힐만 감독 체제에서 팀의 한국시리즈 우승에 이바지했어요. 2023년부터 한화 이글스 2군 감독을 맡았으며, 2024년부터는 잔류군 총괄 코치를 맡아 현재까지 활동하고 있어요. 김성갑은 선수들을 세심하게 지도하며 기량을 끌어올리는 데 능하다는 평을 받는 지도자예요.

김유진(金幽珍)은 애프터스쿨 유이의 본명이며, 1988년 충청북도 청주에서 태어난 대한민국의 배우이자 가수예요. 본관은 광산김씨(光山金氏)예요. 가수 활동은 2009년 걸그룹 애프터스쿨의 멤버로 데뷔하여 'Diva' 등의 곡으로 활동했어요. 2017년 소속사와 계약이 만료되면서 애프터스쿨에서 '졸업'했어요. 배우 활동은 가수 데뷔와 비슷한 시기에 드라마에도 출연하기 시작했어요. '선덕여왕'에서 어린 미실 역으로 처음 연기를 선보였고, '미남이시네요'에 출연하며 배우로서의 입지를 다졌어요. 이후 '오작교 형제들', '결혼계약', '하나뿐인 내 편' 등 다양한 드라마에서 주연으로 활약했어요. 아버지는 야구 감독 김성갑이에요. 연기예술학을 전공했어요.

김현중(金賢中)은 배우 김우빈의 본명이며, 1989년 서울에서 태어났어요. 본관은 광산김씨(光山金氏)예요. 김우빈은 2008년 서울 패션위크를 통해 모델로 데뷔했으며, 2011년 KBS 드라마 스페셜 '화이트 크리스마스'로 배우 활동을 시작했어요. 그는 특히 드라마 '학교 2013'과 '상속자들'을 통해 대중적인 인기를 얻었으며, 반항적이고 카리스마 있는 캐릭터로 주목받았어요. 이후 '함부로 애틋하게' 등의 드라마와 '친구 2', '기술자들', '마스터' 등의 영화에 출연하며 배우로서의 입지를 굳혔어요. 2022년에는 드라마 '우리들의 블루스'로 복귀하여 많은 사랑을 받았어요. 모델 및 공연엔터테인먼트학을 전공했어요.

김지아(金芝娥)는 배우 이지아의 본명이며 예전에는 김상은이라는 이름도 사용했어요. 1978년 서울에서 태어난 대한민국의 배우예요. 본관은 광산김씨(光山金氏)예요. 2007년 MBC 드라마 '태왕사

신기'에서 수지니 역으로 데뷔하며 신비주의 콘셉트로 큰 주목을 받았어요. 이후 '베토벤 바이러스', '스타일', '아테나: 전쟁의 여신' 등 다양한 작품에 출연하며 연기 활동을 이어갔어요. 2020년부터 2021년까지 방영된 드라마 '펜트하우스'에서 '심수련' 역과 '나애교' 역을 맡아 강렬한 연기를 선보이며 제2의 전성기를 맞았어요. 최근에는 드라마 '판도라: 조작된 낙원'과 '끝내주는 해결사'에 출연했어요. 그래픽 디자인을 전공했어요.

김세정(金世正)은 1996년 전라북도 김제시에서 태어난 대한민국의 가수이자 배우예요. 본관은 광산김씨(光山金氏)예요. 김세정은 2016년 Mnet 서바이벌 프로그램 '프로듀스 101'에 참가하여 최종 2위를 차지하며 프로젝트 그룹 아이오아이(I.O.I)로 데뷔했어요. 아이오아이 활동 종료 후에는 소속사의 걸그룹 구구단의 멤버로 활동했어요. 구구단이 해체된 이후에는 솔로 가수와 배우로 활발하게 활동하고 있어요. 배우로서도 두각을 나타냈는데, 특히 드라마 '학교 2017', '경이로운 소문', '사내 맞선' 등에서 주연을 맡아 연기력을 인정받았어요. '사내 맞선'은 해외에서도 큰 인기를 얻으며 한류 스타로 발돋움하는 계기가 되었어요. 실용음악과를 전공했어요.

김태형(金泰亨)은 가수 폴 킴의 본명이며, 1988년 광주광역시에서 태어났어요. 본관은 광산김씨(光山金氏)예요. 폴 킴은 2014년 싱글 앨범 '커피 한잔할래요'로 데뷔했어요. 이후 '모든 날, 모든 순간', '너를 만나', '비' 등 다수의 히트곡을 발표하며 특유의 감성적인 목소리로 '고막 남친'이라는 별명을 얻었어요. 드라마 OST에도 활발하게 참여하여 '호텔 델루나'의 '안녕', '더 글로리'의 '너는 기억한다' 등의 곡으로 많은 사랑을 받았어요. 본명인 김태형은 방탄소년단(BTS) 멤버 뷔의 본명과 같아요. 국제학부를 전공했어요.

김민규(金玟奎)는 세븐틴의 멤버 민규의 본명이며 1997년 경기도 안양시에서 태어났어요. 본관은 광산김씨(光山金氏)예요. 포지션은 그룹 세븐틴 내 힙합팀 소속으로 래퍼를 맡고 있어요. 뛰어난 비주얼로 팀의 '비주얼 멤버'로 불리기도 해요. 2015년 그룹 세븐틴의 멤버로 데뷔하여 활발하게 활동하고 있어요. '만세', '아주 NICE', 'MAESTRO' 등 다수의 히트곡에 참여했으며, 작사가 및 작곡가로도 활동하고 있어요. 또한, 'SBS 인기가요' MC로도 활약하며 다양한 분야에서 재능을 선보였어요. 방송콘텐츠 및 K-POP을 전공했어요.

김선우(金善旴)는 더보이즈 멤버 선우의 본명이며, 2000년 서울특별시 강남구에서 태어났어요. 본관은 광산김씨(光山金氏)예요. 2017년 12월 보이그룹 더보이즈의 멤버로 데뷔하여 메인 래퍼를 맡고 있어요. 2017년 Mnet '고등래퍼'에 출연하여 뛰어난 랩 실력을 보여주며 대중에게 얼굴을 알렸어요. 그룹 활동 외에도 솔로곡을 발표하거나 작사·작곡에 참여하는 등 다양한 음악적 역량을 보여주고 있어요. 실용음악을 전공했어요.

김영빈(金永彬)은 SF9 영빈의 본명이며 9인조 보이그룹 SF9의 멤버이자 리더예요. 본관은 광산김씨(光山金氏)예요. 팀에서 리드 래퍼와 리드 댄서 포지션을 맡고 있어요. 1993년 경기도 안양시에서 출생했어요. 실용무용 및 엔터비즈니스학을 전공했어요. 영빈은 2016년 SF9의 리더로 데뷔했으며, 그 전부터 여러 활동을 했어요. 데뷔 전인 2014년 tvN 드라마 '로맨스가 필요해 3'에 단역으로 출연했어요. 2016년에는 신인 육성 시스템인 NEOZ 댄스팀 1기로 공개되었고, MBC every1, 네이버 TV 웹드라마 '클릭 유어 하트'에 출연했어요. Mnet의 서바이벌 프로그램 'd.o.b: Dance or Band'에 출연해 데뷔를 확정 지었어요. 병역은 육군 만기 전역했어요. 자작곡인 '빈(彬) 꿈'은 2018년 첫 단독 콘서트에서 선보인 이후 2024년 팬 미팅에서 새롭게 편곡해 다시 불렀어요. 사운드클라우드를 통해 'Agitpunkt'와 'RAIN DROP' 등의 자작곡을 발표했어요. 2025년 솔로곡 'Freak Show'의 뮤직비디오를 공개했어요.

김승현(金承賢)은 배우로 1981년 경기도 김포시 출신이에요. 본관은 광산김씨(光山金氏)예요. 1997년 잡지 '렛츠'의 모델로 연예계에 데뷔했으며, 1998년 SBS 청춘시트콤 '나 어때'를 통해 배우 활동을 시작했어요. SBS 청춘시트콤 '나 어때', MBC '이브의 모든 것'(특별출연), SBS '카이스트' 등에 출연했어요. 예능은 KBS2 '살림하는 남자들', TV조선 '조선의 사랑꾼', SBS '진짜 농구, 핸섬타이거즈' 등 다수의 프로그램에 출연했어요. 특히 '살림하는 남자들'을 통해 많은 사랑을 받았어요. 영화는 '주글래 살래', '철없는 아내와 파란만장한 남편 그리고 태권 소녀', '질주' 등에 출연했어요. 2018년 KBS 연예대상 버라이어티 우수상, 2019년 KBS 연예대상 쇼·오락 부문 최우수상 등을 수상했어요.

김갑수(金甲洙)는 배우로 1957년 서울특별시에서 태어났어요. 본관은 광산김씨(光山金氏)예요. 드라마는 '역사는 흐른다', '태조 왕건', '연애시대', '대왕 세종', '추노', '성균관 스캔들', '신데렐라 언니', '아이언맨', 'THE K2', '귓속말', '보좌관 - 세상을 움직이는 사람들', '아직 최선을 다하지 않았을 뿐' 등에 출연했어요. 영화는 '태백산맥', '금홍아 금홍아', '지독한 사랑', '장화, 홍련', '내 생애 가장 아름다운 일주일', '강철비', '뜨거운 피' 등에 출연했어요. 1990년 제26회 백상예술대상 TV 부문 남자 신인 연기상, 1994년 제15회 청룡영화상 남우조연상, 1994년 제5회 춘사 국제영화제 새얼굴 남자연기상, 1995년 제33회 대종상 남우주연상, 2003년 제2회 대한민국 영화대상 남우조연상, 2004년 제40회 백상예술대상 영화 부문 남자 최우수연기상 등을 수상했어요.

김명민(金明民)은 1972년 서울특별시에서 태어난 대한민국의 배우예요. 1996년 SBS 공채 탤런트 6기로 데뷔했어요. '불멸의 이순신'은 2005년 KBS 드라마로, 이순신 장군 역을 맡아 연기력을 인정받으며 스타덤에 올랐어요. '하얀 거탑'에서 장준혁 역을 맡아 인상적인 연기를 선보이며 연기파 배우로 자리매김했어요. '베토벤 바이러스'에서 '강마에' 역으로 출연해 "똥 덩어리" 같은 독설로 큰 인기를 얻었어요. 그 외에도 '육룡이 나르샤', '로스쿨', '우리가 만난 기적' 등에 출연했어요. 영화는 '내 사랑 내 곁에', '조선 명탐정' 시리즈, '연가시', '브이아이피', '장사리: 잊혀진 영웅들' 등에 출연했어요. 2005년 KBS 연기대상 (불멸의 이순신), 2008년 MBC 연기대상 ('베토벤 바이러스'), 2018년 KBS 연기대상 (우리가 만난 기적), 2007년 제43

회 백상예술대상 TV 부문 남자 최우수연기상 ('하얀 거탑'), 2009년 제45회 백상예술대상 TV 부문 남자 최우수연기상 ('베토벤 바이러스'), 2009년 제46회 대종상 남우주연상 ('내 사랑 내 곁에'), 2009년 제30회 청룡영화상 남우주연상 ('내 사랑 내 곁에') 등을 수상했어요.

김용우(金容佑)는 배우 기태영의 본명이며 1978년 서울특별시에서 태어났어요. 연극영화학을 전공했어요. S.E.S. 출신 배우 유진과 결혼했어요. 1997년 KBS 청소년 드라마 '신세대 보고 어른들은 몰라요'로 데뷔했어요. '엄마가 뿔났다', '로열패밀리', '세상에서 제일 예쁜 내 딸' 등 드라마에 출연했어요. 예능으로는 KBS2 '슈퍼맨이 돌아왔다'에 출연하여 큰 사랑을 받았어요. 2019년 KBS 연기대상에서 장편 드라마 부문 남자 우수상을 받았어요.

김유진(金栖眞)은 가수이자 배우인 유진의 본명으로 1981년 서울특별시에서 태어났어요. 본관은 광산김씨(光山金氏)예요. 1997년에 데뷔한 걸그룹 S.E.S의 멤버예요. 그룹에서 서브 보컬과 비주얼, 영어를 담당했어요. 배우자는 기태영이에요. 불어불문학을 전공했어요. 드라마는 '펜트하우스', '제빵왕 김탁구' 등 다수의 드라마에서 주연으로 활약했어요. 영화는 '요가학원', '종이꽃' 등의 영화에 출연했어요.

김용선(金容仙)은 마마무의 멤버 솔라의 본명이며 1991년 서울특별시 양천구에서 태어났어요. 본관은 광산김씨(光山金氏)예요. 국제관광을 전공했어요. 그룹 마마무의 리더이자 메인보컬이에요.

솔라는 2014년 그룹 마마무로 데뷔했어요. 그룹 활동 외에도 다양한 솔로 활동을 펼쳤어요. 솔라의 본명인 '김용선'의 한자 '容(얼굴 용)'에서 모티브를 얻은 첫 번째 미니앨범 '용: 페이스(FACE)'를 발매했어요. 솔로 싱글 '스핏 잇 아웃'(SPIT IT OUT)을 발매했어요. 뮤지컬 '마타하리'에 출연했어요. 2024년 영화 '귀시'에 출연했어요. 개인 유튜브 채널을 운영하며 다양한 콘텐츠를 선보이고 있어요.

김홍중(金弘中)은 에이티즈(ATEEZ)의 멤버 홍중의 본명이며 1998년 경기도 안양시에서 태어난 대한민국의 래퍼이자 싱어송라이터예요. 그룹 에이티즈의 리더이자 메인 래퍼를 맡고 있어요. 본관은 광산김씨(光山金氏)예요. 방송연예학을 전공했어요. 데뷔 전에 서바이벌 프로그램 '믹스나인'에 출연했었고, 소속사의 첫 번째 연습생으로 입사했어요. 오디션이 없던 회사에 직접 자작곡을 담은 CD와 편지를 보내 입사하게 된 것으로 알려져 있어요.

김범수(金範洙)는 아나운서로 1968년 서울특별시에서 태어난 방송인 겸 기업가예요. 본관은 광산김씨(光山金氏)예요. 경영학을 전공했어요. 경력은 1995년 TBS 교통방송 아나운서로 방송 생활을 시작했어요. 이후 SBS 골프 캐스터를 거쳐 2000년 SBS 아나운서로 입사했어요. 2004년 프리랜서를 선언한 후 다양한 방송 프로그램에서 MC로 활동하며 대중들에게 이름을 알렸어요. 주요 활동 프로그램은 SBS의 '재미있는 TV 천국', '접속! 무비 월드', '금요 컬처 클럽' 등이 있어요. 프리랜서 활동은 '님과 함께', '풍문으로 들었쇼', '비밀독서단', '아빠는 꽃중년' 등 다수의 예능 및 교양 프로그램에 출연했어요. 아나운서 김범수는 1999년부터 2003년까지 KBS의 장수 교양 프로그램인 '퀴즈탐험 신비의 세계'의 진행을 맡았어요. 그는 당시 특유의 재치 있는 진행으로 큰 인기를 얻었고, '아나테이너'라는 별명을 얻기도 했어요.

김택수(金擇洙)는 탁구선수로 1970년 광주광역시에서 태어났어요. 1990년대 한국 남자 탁구를 대표한 전설적인 선수예요. 본관은 광산김씨(光山金氏)예요. 그는 특히 강력한 포핸드 드라이브와 백핸드 쇼트 능력을 바탕으로 펜홀더 전형의 강점을 극대화했어요. 1988년부터 2004년까지 대우증권, KGC인삼공사(구, 한국담배인삼공사) 등에서 선수로 활동했어요. 10년 이상 세계 탁구 랭킹 10위권에 이름을 올렸고, 최고 랭킹은 3위까지 기록했어요. 1998년 방콕 아시안게임 남자 단식 결승전에서 중국(中國)의 류궈량 선수와 펼친 '32구 랠리'는 아직도 전설로 회자해요. 은퇴 후 KT&G 탁구단 코치를 시작으로 국가대표팀 코치, 대우증권 감독 등을 역임했어요. 현재는 미래에셋증권 탁구단 총감독을 맡고 있어요. 2024년 3월부터는 진천 국가대표선수촌장으로 내정되어 활동하고 있어요. 1992년 바르셀로나 올림픽 남자 단식 및 복식 동메달, 1990년 베이징 아시안게임 남자 단체전 금메달, 1998년 방콕 아시안게임 남자 단식 금메달 등을 수상했어요. 세계 선수권은 여러 차례 동메달 수상했어요. 2004년 체육훈장 청룡장 수훈했어요.

김명호(金明浩)는 배우 겸 격투기 선수인 금광산의 본명이며 1976년 제주특별자치도에서 태어났어요. 본관은 광산김씨(光山金氏)

예요. 활동명 유래는 본명인 김명호의 본관인 '광산김씨'를 뒤집어 '금광산'이라는 활동명을 지었어요. 금광산은 늦깎이로 연예계와 격투기계에 데뷔한 것으로 알려져 있어요. 배우 활동은 40세에 단역 배우로 활동을 시작했으며, 주로 강렬한 인상의 조연으로 출연했어요. 영화 '범죄도시'에서 마동석에게 삶은 달걀을 건네는 문신남 역할로 대중에게 얼굴을 알렸어요. 그 외에도 '아수라', '독전', '성난 황소' 등 다양한 영화와 드라마에 출연했어요. 과거 축구 선수로 활동했으나 부상으로 꿈을 접고, 젊은 시절부터 꿈꿔왔던 격투기 도전을 40대 중반에 시작했어요. 2021년 종합격투기(MMA) 무대에서 '야쿠자 파이터' 김재훈 선수와 데뷔전을 치렀어요. 이후 복싱 대회 등에도 출전하며 꾸준히 격투기 선수로 활동하고 있어요.

김미현(金美賢)은 대한민국의 전 프로 골프 선수로 1977년 인천광역시에서 태어났어요. 본관은 광산김씨(光山金氏)예요. 작은 체구에도 불구하고 뛰어난 실력으로 '슈퍼 땅콩'이라는 별명을 얻으며 큰 사랑을 받았어요. 1990년대 후반부터 2000년대 초반까지 박세리와 함께 한국 여자 골프의 전성기를 이끌었어요. 김미현은 1996년 KLPGA 투어에 프로로 입문하여 1998년까지 11승을 기록하며 국내 무대를 평정했어요. 이후 1999년 LPGA 투어에 진출해 총 8번 우승을 차지했고, 데뷔 첫해에 LPGA 신인상을 받았어요. 2001년 브리티시 오픈에서 2위를 기록하는 등 꾸준히 좋은 성적을 냈어요. 2012년 10월에 LPGA 하나외환 챔피언십을 끝으로 현역에서 은퇴했어요. 현역 은퇴 후에는 지도자의 길로 들어섰어요. 또한 2016년 리우데자네이루 올림픽과 2020년 도쿄 올림픽에서 KBS의 골프 해설위원으로 활동하며 재치 있는 해설로 호평받았어요. TV조선의 스포츠 예능 프로그램인 '골프왕'의 메인 MC를 맡기도 했어요.

김선빈(金善彬)은 1989년 광주광역시 서구에서 태어난 야구선수로 KIA 타이거즈 소속의 내야수이며, 뛰어난 타격과 안정적인 수비력을 겸비한 선수예요. 본관은 광산김씨(光山金氏)예요. 작은 체구에도 불구하고 리그 정상급 기량을 보여주며 '작은 거인'이라는 별명을 얻었어요. 포지션은 내야수(유격수, 2루수)예요. 2008년 KIA 타이거즈(2차 6라운드 43순위) 데뷔했어요. 김선빈은 데뷔 초기부터 주전 유격수로 활약하며 KIA 타이거즈의 핵심 선수로 성장했어요. 2017년에 타율 0.370을 기록하며 KBO리그 타격왕에 올랐고, 유격수 부문 골든글러브를 수상했어요. 2024년에 한국시리즈 MVP를 수상하며 팀의 우승에 이바지했어요. 2019년 시즌 후 첫 FA 자격을 얻어 KIA에 잔류했고, 2023년 두 번째 FA 계약을 통해 3+1년 재계약했어요.

김용의(金容儀)는 전직 야구선수로 1985년 서울특별시 출생으로, 현재는 지도자로 활동하고 있어요. 본관은 광산김씨(光山金氏)예요. 선수 시절에는 KBO리그 LG 트윈스에서 뛰었으며, 내야수와 외야수 전 포지션을 소화하는 뛰어난 유틸리티 플레이어로 활약했어요. 체육교육학을 전공했어요. 긴 체형과 호리호리한 몸 때문에 '또치'라는 별명을 가지고 있어요. 2008년 두산 베어스에 입단했으나, 그해 LG 트윈스로 트레이드되었어요. 2008년부터 2021년까지 LG 트윈스에서 선수 생활을 했으며, 다양한 위치에서 활약했어요. 2016

년 시즌에는 타율 0.318을 기록하며 팀의 포스트시즌 진출에 이바지했어요. 2021년 시즌을 끝으로 현역에서 은퇴했어요. 2022년 LG 트윈스 스카우트로 활동했고, 현재는 LG 트윈스 2군 외야수비·주루 코치를 맡으며 지도자의 길을 걷고 있어요.

김선우(金善宇)는 전직 야구선수이자 현재 야구 해설위원으로 1977년 인천광역시에서 태어났어요. 본관은 광산김씨(光山金氏)예요. 포지션은 투수예요. 경영학을 전공했어요. 김선우는 고교 시절부터 뛰어난 구위를 자랑하며 한국인 메이저리거 1세대 투수로 큰 기대를 받았어요. 대학교 재학 중 1997년 보스턴 레드삭스와 계약하며 미국 메이저리그(MLB)에 진출했어요. 보스턴 레드삭스를 시작으로 몬트리올 엑스포스, 콜로라도 로키스 등 여러 팀을 거치며 MLB에서 활동했어요. 2008년 두산 베어스에 입단하며 한국으로 복귀했어요. 2011년에는 16승을 기록하며 최고의 시즌을 보냈어요. 2014년 LG 트윈스로 이적한 후 같은 해 은퇴를 선언했어요. 은퇴 후 2015년부터 MBC 스포츠플러스의 야구 해설위원으로 활동하며 재치 있는 입담으로 많은 팬들에게 사랑받고 있어요.

김우중(金宇中)은 전 대우그룹 회장이며 1936년 대구에서 태어나 2019년에 별세한 대한민국의 기업인이에요. 본관은 광산김씨(光山金氏)예요. '세계는 넓고 할 일은 많다'라는 명언으로 유명하며, 한때 삼성, 현대와 더불어 대한민국 3대 재벌 신화의 주인공으로 불렸던 인물이에요. 1967년 자본금 500만 원과 직원 5명으로 대우실업을 창업했어요. 섬유 수출업을 시작으로 한국기계(대우중공업), 새

한자동차(대우자동차), 대한조선공사(대우조선해양) 등을 인수하며 사업을 확장했어요. 1990년대에는 '세계 경영'을 기치로 전 세계에 대우의 사업망을 넓혔어요. 600여 개의 해외 법인과 지사를 거느렸고, 1998년에는 대우그룹의 수출 규모가 대한민국 총수출액의 약 14%에 달할 정도로 급성장했어요. 부실기업을 인수해 흑자 기업으로 바꾸는 '경영의 마술사'라는 별명을 얻기도 했어요. 또한, 개발도상국 출신으로는 최대의 다국적 기업을 일궈냈어요. 경제학을 전공했어요. 부친은 제4대 제주도지사를 지낸 김용하예요.

김덕중(金德中)은 대한민국의 경제학자, 교수 출신 관료예요. 본관은 광산김씨(光山金氏)예요. 1934년에 태어났어요. 경제학을 전공했어요. 귀국 후 서강대학교 경제학과 교수로 재직했으며, 서강학파의 2세대로 분류되어요. 또한 아주대학교 총장도 역임했어요. 김대중 정부 시절인 2000년에 교육부 장관(제39대)을 지냈어요. 동생이 바로 대우그룹의 창업주인 김우중 전 회장이에요. 김덕중 전 교육부 장관은 2025년에 향년 91세로 별세했어요.

김희수(金熺洙)는 건양대학교의 설립자이자 명예총장이에요. 본관은 광산김씨(光山金氏)예요. 그는 안과 의사로서 성공을 거둔 후 교육 및 의료 사업에 헌신한 인물로, 1928년 충남 논산에서 태어났어요. 의학을 전공했어요. 안과 의사로 활동하며, 1962년 서울 영등포에 김안과병원을 개원했어요. 이 병원은 현재 동아시아 최대 규모의 안과 전문 병원으로 성장했어요. 1979년부터 고향인 논산에 건양중학교와 고등학교를 설립하며 교육 사업을 시작했어요.

1991년에는 건양대학교를 설립하고, 2001년부터 2017년까지 건양대학교의 제4대부터 제7대 총장을 역임했어요. 또한, 2012년에는 건양사이버대학교를 설립하는 등 교육기관을 확장했어요. 그의 교육 철학은 "가르쳤으면 끝까지 책임진다"라는 교육 철학으로 유명해요. 그는 학생들이 졸업 후에도 사회에 잘 적응하도록 돕는 데 큰 노력을 기울였어요. 대한민국 의료 및 교육 발전에 이바지한 공로로 2007년 민간인이 받을 수 있는 최고 훈장인 국민훈장 무궁화장을 수훈했어요. 2011년에는 '자랑스러운 한국인 대상' 교육 부문 수상자로 선정되기도 했어요. 2017년 총장직에서 물러난 후 2019년 건양대학교 명예총장으로 복귀했어요. 90세가 넘은 고령임에도 불구하고 꾸준히 서예, 그림 등 다양한 분야에 도전하며 활발한 활동을 이어가고 있어요.

김용옥(金容沃)은 도올(檮杌)이라는 호로 더 잘 알려진 대한민국의 철학자이자 한의사, 그리고 대중에게 동양 고전을 쉽게 전달하는 교육자예요. 그의 강연과 저술은 한국 사회에 큰 영향을 끼쳤어요. 본관은 광산김씨(光山金氏)예요. 1948년 충청남도 천안시에서 태어났어요. 철학 및 동아시아어문학을 전공했어요. 또한 한의학을 전공하여 한의사 자격도 취득했어요. 호인 '도올(檮杌)'은 고대 중국(中國) 신화에 나오는 흉악한 짐승의 이름으로, 기존의 권위와 틀에 얽매이지 않겠다는 그의 의지를 담고 있어요. 1990년대부터 TV를 통해 '도올의 논어 이야기', '도올의 중용 강해' 등 동양 고전을 강의하며 대중에게 어려운 인문학을 쉽고 재미있게 전달했어요. 이는 많은 사람들에게 동양 철학에 관한 관심을 불러일으키는 계기가 되었어요. 그는 제도권 교육의 한계를 비판하고, 개개인의 주체적인 사고를 강조하는 교육 철학을 펼쳤어요. "모두가 한 가지 목표를 향해 달려가는" 현실 교육을 비판하며, 학생들이 스스로 길을 찾도록 도와야 한다고 주장했어요. 그는 단순한 학문에 머무르지 않고, 사회 문제에 대한 거침없는 발언으로 논쟁을 일으키기도 했어요. 특히 정치적 현안에 대해 소신 있는 발언을 하며 진보적인 지식인으로서의 면모를 보여주었어요. 주요 저서는 『동경대전』, 『노자가 옳았다』, 『도올의 논어 이야기』, 『우린 너무 몰랐다』(해방, 제주 4.3과 여순 민중항쟁), 『슬픈 쥐의 윤회』(소설집) 등이 있어요.

김황식(金滉植)은 전 국무총리이며 법조인 출신 정치인으로, 이명박 정부 시절 제41대 국무총리를 지냈어요. 본관은 광산김씨(光山金氏)예요. 1948년 전라남도 장성군에서 태어났어요. 법학을 전공했어요. 제14회 사법시험에 합격했어요. 주요 경력은 대법관, 감사원장, 국무총리예요. 1974년 서울민사지방법원 판사로 법조계에 첫발을 내디딘 이후, 서울고등법원 부장판사, 광주지방법원 법원장 등을 역임했어요. 2005년에는 대법관으로 임명되어 활동했어요. 2008년 제21대 감사원장으로 임명되어 2년간 감사원을 이끌었어요. 2010년 10월부터 2013년 2월까지 제41대 국무총리를 역임했어요. 그는 "공정하고 따뜻한 사회"를 만들겠다는 취임 일성을 밝히며 국정을 총괄했어요. 국무총리직에서 물러난 후에도 다양한 분야에서 활발한 활동을 이어가고 있어요.

김필순(金弼淳)은 의사로 우리나라 최초의 면허 의사 중 한 명이자 독립운동가예요. 그는 일제강점기에 만주로 건너가 독립군 주치의로 활약했어요. 본관은 광산김씨(光山金氏)예요. 1878년 황해도 장연군에서 태어났어요. 의학을 전공했어요. 당시 배출된 7명의 졸업생 중 한 명으로, 이들은 우리나라 최초의 면허 의사예요. 졸업 후 제중원 의학교의 교수로 활동했으며, 세브란스병원 의사로도 근무했어요. 이후 만주로 건너가 병원을 운영하며 독립운동가들을 치료하고, 병원 수입을 독립군의 군자금으로 기부하기도 했어요. 그는 단순한 의료 활동을 넘어 무관학교 설립을 추진하는 등 독립운동의 후방 기지를 개척하려 했어요. 그의 가족들은 대부분 독립운동에 투신했어요. 여성 독립운동가로 유명한 김마리아가 그의 조카예요. 동생 김순애는 독립운동가 김규식의 부인이에요. 중국(中國)에서 유명한 배우 별명이 '영화 황제'인 김염(본명: 김덕린)이 그의 아들이에요. 김필순은 1919년 9월 1일 일본인 조수가 준 우유를 마시고 순국한 것으로 알려져 있어요. 대한민국 정부는 1997년 그의 공훈을 기려 건국훈장 애족장을 추서했어요.

김덕린(金德麟)은 중국 영화 역사에서 '영화 황제'로 불렸던 배우 김염(金焰, 진옌)의 본명이며, 한국 출신으로 중국 영화계의 전성기를 이끌었던 중요한 인물이에요. 본관은 광산김씨(光山金氏)예요. 1910년 현재의 대한민국 서울특별시인 대한제국 한성부에서 태어났어요. 김염은 독립운동가 김필순의 아들이에요. 1912년, 아버지 김필순이 독립운동으로 일본의 수배를 받자, 가족을 따라 만주(통화)로 이주했어요. 아버지가 일제에 의해 살해당한 후 고아가 되어 상하이와 톈진 등지에서 어렵게 생활했어요. 1927년 상하이로 가서 영화사에 심부름꾼으로 들어가 일하다가, 연극 극단을 거쳐 1929년 영화 '풍류검객(風流劍客)'에 출연하며 배우 활동을 시작했어요. 1930년 영화사에 입사한 후 영화 '야초한화(野草閑花)'에 주연으로 출연하며 큰 인기를 얻기 시작했어요. 준수한 외모와 밝고 세련된 이미지로 대중을 사로잡았으며, 1930년대 상하이 젊은이들의 문화 아이콘이 되었어요. 1934년 상하이 영화잡지 '전성'의 인기투표에서 '가장 잘생긴 남자 배우', '가장 인기가 있는 배우' 등에서 모두 1위를 차지하며 '영화 황제' 칭호를 얻었어요. 주요 출연작으로는 '야초한화', '도화읍혈기(桃花泣血記)', '대로(大路)', '일전매(一剪梅)'가 있어요. 대로는 그의 대표적인 항일 영화로, 강인한 청년 노동자 역을 맡아 시대를 대변하는 영웅 이미지를 구축했어요. 김염은 멜로영화로 최고의 인기를 누리던 중, 아버지의 뜻을 이어받아 항일 정신이 담긴 영화에만 출연하겠다고 선언하고 이를 실천했어요. 항일 메시지를 담은 작품에 다수 출연하며 영화를 통해 민족의식과 항일 투쟁을 고취하는 데 이바지했어요. 1935년에는 비밀리에 백범(白凡) 김구(金九)를 만나 독립운동 자금을 전달하는 등 독립운동을 적극적으로 지원했어요. 일본이 중국을 점령한 후 중일 합작 영화 출연을 강요받았으나, "기관총으로 나를 겨눈다고 해도 그런 영화는 찍지 않을 것이다"라며 단호하게 거절한 일화가 유명해요. 1949년 중화인민공화국 수립 후에는 배우 활동 외에도 상하이 영화 제작소의 극단장 등 공직을 맡기도 했어요. 1983년 상하이에서 73세를 일기로 별세했어요.

김마리아(金瑪利亞)는 독립운동가로 일제강점기 여성 독립운동을 이끈 주요 인물 중 한 명이에요. 본관은 광산김씨(光山金氏)에요. 그녀는 대한민국 애국부인회를 조직하고, 2.8 독립선언에 참여하는 등 활발한 독립 활동을 펼쳤어요. 1892년 황해도 장연군에서 태어났어요. 교육학을 전공했어요. 일본 유학 중 2.8 독립선언에 참여했으며, 독립선언서를 비밀리에 국내로 들여왔어요. 국내로 돌아와 여성 독립운동가들을 규합해 대한민국 애국부인회를 조직하고 회장으로 활동했어요. 이 단체는 군자금을 모아 상해임시정부에 전달하는 역할을 했어요. 일제 경찰에 체포되어 심한 고문을 당했으나, 옥중에서도 독립운동 의지를 꺾지 않았어요. 1944년 일제에 의해 순국했어요. 정부는 그녀의 공훈을 기려 1962년 건국훈장 독립장을 추서했어요. 의사 김필순의 조카이며, 김순애는 그녀의 고모예요. 이들 가족은 모두 독립운동에 헌신한 것으로 유명해요.

김화중(金花中) 은 대한민국의 의료인이자 교육자, 정치인이며 노무현 정부 시절인 2003년 2월부터 2004년 7월까지 제42대 보건복지부 장관을 역임했어요. 본관은 광산김씨(光山金氏)예요. 1945년 충청남도 논산에서 태어났어요. 간호학 및 간호교육학을 전공했어요. 서울대학교병원 간호사, 수간호사를 거쳐 1971년부터 2000년까지 서울대학교 보건대학원 교수로 재직했어요. 대한간호협회 회장 등을 역임하며 간호계의 권익 증진에 힘썼어요. 2000년 새천년민주당 소속으로 제16대 국회의원(비례대표)으로 당선되었어요. 2003년 노무현 정부의 초대 보건복지부 장관으로 임명되어, SARS(사스) 사태에 대한 효과적인 방역 조치를 했어요. 저서는『지역사회 간호학』,『학교 보건과 간호』,『대학생의 건강관리』등 간호학 관련 서적을 다수 집필했어요.

김병조(金炳朝)는 코미디언으로 1950년 전라남도 장성군에서 태어났어요. 본관은 광산김씨(光山金氏)예요. 재치 있는 입담과 특유의 사자성어 개그로 1980년대 대한민국의 코미디계를 풍미했어요. 사학을 전공했어요. 1975년 MBC 특채 코미디언으로 데뷔했어요. '일요일 밤의 대행진'이라는 MBC의 인기 코미디 프로그램에서 '명심보감' 코너를 통해 "지구를 떠나거라~"라는 유행어를 만들어내며 전국적인 인기를 얻었어요. '일요일 일요일 밤에'에서 '배워봅시다' 코너를 통해 대중들에게 웃음을 선사했어요. 뛰어난 말솜씨를 바탕으로 다양한 프로그램의 MC로도 활약했어요. 1990년대 이후 방송 활동을 줄이고, 교육자로 변신하여 조선대학교 사회교육원 교수와 명지대학교 초빙교수로 재직했어요. 현재는 전국을 돌며 인성, 효, 명심보감 등에 대한 강연을 활발히 하고 있어요. '명심보감' 코너를 진행하면서 실제로 관련 서적을 탐독하여 전문가 수준의 지식을 갖추게 된 것으로 알려져 있어요.

김응수(金應洙)는 1961년 충청남도 서천군에서 태어난 대한민국의 배우예요. 본관은 광산김씨(光山金氏)예요. 주로 영화와 드라마에서 무게감 있는 조연으로 활약하며 뛰어난 연기력을 선보였어요. 연극을 전공했어요. 학교를 졸업하고 일본 극단 '시키'에서 연기를 공부했어요. 1996년 영화 '깡패 수업'을 통해 데뷔했어요. 영화는 '타짜'에서 곽철용 역을 맡아 "묻고 더블로 가!", "마포대교는 무너졌냐" 등 수많은 유행어를 탄생시키며 큰 인기를 얻었어요. 그 외에도 '범죄와의 전쟁: 나쁜 놈들 전성시대', '내부자들' 등 다양한 작품에 출연했어요. 드라마는 '미스터 션샤인', '조선 로코 - 녹두전', '경성크

리처' 등 사극부터 현대극까지 폭넓은 장르에서 활약했어요. 특유의 카리스마 있는 연기와 깊이 있는 목소리가 특징이에요. 과거 일본 유학 경험 덕분에 능숙한 일본어 실력을 갖추고 있으며, 영화 '지구를 지켜라!' 등에서 일본인 역할로 출연하기도 했어요. 2020년 제11회 대한민국 대중문화예술상 국무총리 표창을 받았어요.

김태호(金泰浩)는 1975년 충청남도 보령에서 태어난 대한민국의 스타 PD예요. 본관은 광산김씨(光山金氏)예요. 그는 MBC 예능의 황금기를 이끈 주역으로, 특히 '무한도전'을 통해 한국 예능의 새로운 지평을 열었어요. 신문방송학을 전공했어요. 2002년 MBC에 입사하며 방송 생활을 시작했어요. '무한도전'은 2005년부터 2018년까지 약 13년간 연출을 맡으며 사회 풍자, 도전 정신, 멤버들의 관계 변화 등 다양한 시도를 선보였어요. 예능의 범위를 확장하고, 단순한 웃음을 넘어 감동과 메시지를 전달하는 프로그램으로 자리매김했어요. '놀면 뭐 하니?'는 '무한도전' 종영 후 새로운 형식의 예능을 선보이며, 유재석을 중심으로 다양한 부캐(부가 캐릭터)를 탄생시켰어요. '서울 체크인', '캐나다 체크인'은 김태호 PD가 설립한 제작사에서 연출한 여행 프로그램이에요. 대한민국 콘텐츠 대상, 백상예술대상 등 다수의 시상식에서 상을 받았어요. 2021년에는 '놀면 뭐 하니?'로 MBC 방송연예대상 대상을 받았어요.

김철수(金哲洙)는 일제강점기에 활약한 독립운동가예요. 본관은 광산김씨(光山金氏)예요. 1893년 전라북도 부안군에서 태어나 1986년에 별세(別世)했어요. 그는 1919년 3.1 운동에 참여한 이후 독립운동에 투신했어요. 그는 여러 차례 일제 경찰에 체포되어 옥고를 치렀으며, 1928년에는 광주학생운동 배후 조종 혐의로 체포되어 옥에 갇히기도 했어요. 해방 후에는 정치에 참여하지 않고 고향으로 돌아가 은둔 생활을 했어요. 대한민국 정부는 그의 공로를 인정하여 2005년 건국훈장 독립장을 추서했어요. 그의 호는 지운(遲耘)이에요.

김은중(金殷中)은 축구 선수 출신 감독으로 1979년 서울특별시에서 태어난 대한민국의 전 축구 선수 이자 현 감독이에요. 본관은 광산김씨(光山金氏)예요. 선수 시절 '샤프'라는 별명으로 불렸으며, K리그에서 뛰어난 득점력을 자랑하는 공격수로 활약했어요. 포지션은 공격수예요. 1997년 대전 시티즌에서 프로에 데뷔해, 팀의 에이스로 활약하며 '대전의 아들'로 불렸어요. FC 서울, 제주 유나이티드, 강원 FC 등 여러 팀을 거치며 K리그 통산 123골을 기록, K리그 역대 득점 랭킹 상위권에 이름을 올렸어요. 2014년 대전 시티즌에서 선수 생활을 마감했어요. 2018년부터 연령별 대표팀 코치를 시작으로 지도자 생활을 시작했어요. 2023년에는 대한민국 U-20 축구 국가대표팀 감독을 맡아 2023 FIFA U-20 월드컵에서 4강에 진출하는 쾌거를 이루어 '은중 마법'이라는 찬사를 받았어요. 김은중 감독이 이끈 2023 FIFA U-20 월드컵 4강 진출은 한국 축구 역사상 세 번째 기록이에요. 2024년에 K리그1의 수원 FC 감독으로 부임했어요. '샤프'라는 별명은 그의 날카로운 움직임과 정교한 슈팅 능력에서 비롯되었어요.

김장수(金章洙)는 대한민국 육군 대장 출신으로, 군은 물론 행정부와 입법부, 외교 분야까지 아우르며 활동한 독특한 이력의 소유자예요. 본관은 광산김씨(光山金氏)예요. 그는 노무현, 이명박, 박근혜 세 정부에 걸쳐 중용되었어요. 그는 1948년 광주에서 태어나 사관학교를 졸업하고 1971년 소위로 임관했어요. 군 복무 동안 주로 야전과 작전 분야의 전문가로 활동하며, 제6보병사단장, 제7기동군단장 등 주요 지휘관을 역임했어요. 이후 합동참모본부 작전본부장과 한미연합군사령부 부사령관을 거쳐 최고위직인 제37대 육군참모총장에 올랐어요. 2006년 대장으로 전역하며 35년간의 군 생활을 마무리했어요. 전역 직후인 2006년에 노무현 정부에서 제40대 국방부 장관으로 임명되어 참여정부 국방정책을 이끌었어요. 특히 2007년 남북정상회담 당시, 북한 김정일 국방위원장과의 악수하는 자리에서 허리를 굽히지 않고 꼿꼿하게 서 있는 모습이 포착되어 '꼿꼿 장수'라는 별명을 얻기도 했어요. 국방부 장관 퇴임 후에 그는 정치계에 입문하여 2008년 제18대 국회의원 선거에서 당시 한나라당(후에 국민의힘) 비례대표로 당선되었어요. 국회 국방위원회에서 활동하며 국방정책 전문가로서의 입지를 다졌어요. 이후 박근혜 정부 출범과 함께 초대 국가안보실장에 임명되며 청와대 핵심 요직을 맡았어요. 안보실장 사퇴 후, 그는 다시 국정의 주요 무대로 복귀하여 2015년 제11대 주중국 특명전권대사에 임명되었어요. 이는 1992년 한중 수교 이후 최초의 군 출신 주중대사라는 점에서 큰 주목을 받았어요. 그는 대사로서 한반도 사드(THAAD) 배치로 인해 경색된 한중 관계 속에서 복잡한 외교 현안을 조율했어요.

김영규(金永圭)의 호는 백주(白舟)이며 대종교와 관련된 독립운동가로, 광산김씨(光山金氏) 출신 독립운동가예요. 1886년에 현재의 홍성군인 충청남도 결성군에서 태어났으며, 1952년에 별세(別世)했어요. 그는 1911년 사범과를 전공한 뒤 교사로 잠시 재직하다가, 같은 해 8월 만주로 망명하여 독립운동에 투신했어요. 대종교 총본사 서무 부장과 대형 등을 역임하며 대종교가 독립운동의 주요 거점이었기 때문에, 대종교를 통해 항일 독립투쟁을 전개했어요. 김영규는 대종교의 중요한 인물로, 교리를 전파하고 민족의식을 고취하는 데 힘썼어요. 특히, 만주 지역에서 대종교인들과 함께 무장 투쟁 단체를 지원하는 등 독립운동 자금을 모으고 조직을 강화하는 데 이바지했어요. 광복 후에는 윤세복과 함께 영안현에 대종교 총본사를 재건하는 데 이바지했어요. 귀국 후에는 단군전봉건회를 조직하여 활동했어요. 그의 공적을 기려 1963년에 건국훈장 독립장이 추서되었어요.

김완주(金完柱)는 대한민국의 정치인이자 공무원 출신으로, 전라북도지사와 전주시장을 역임했어요. 본관은 광산김씨(光山金氏)예요. 그는 1946년 전라북도 임실군에서 태어났어요. 정치학 및 행정학을 전공했어요. 이후 미국에서 도시계획학을 전공했어요. 경력은 1973년 제14회 행정고시에 합격하며 공직 생활을 시작했어요. 전라북도 고창군수, 남원시장 등 지방자치단체장을 역임했어요. 1998년부터 2006년까지 전주시장을 재임하며 전주 한옥마을 조성 등 여러 업적을 남겼어요. 2006년부터 2014년까지 전라북도지사를 두 차례(민선 4, 5기) 연임했어요. 재임 중 새만금 특별법 개정, 새만금 투자 유치 등을 통해 지역 발전에 이바지했어요. 2014년 도지사 3선에도전하지 않고 정계에서 은퇴했어요. 현재는 더불어민주당 전북도당 상임고문을 맡고 있어요.

김용준(金容俊)은 대한민국의 제2대 헌법재판소장으로, 법조계 최고위직까지 오른 인물이에요. 본관은 광산김씨(光山金氏)예요. 그는 지체 장애를 극복하고 대법관, 헌법재판소장까지 역임해 '인간 승리의 표상'으로 불리기도 해요. 1938년 서울에서 태어나 세 살 때 소아마비를 앓아 지체 장애 2급 판정을 받았어요. 어려운 환경 속에서도 학업에 매진해 고등학교 검정고시를 거쳐 법학을 전공했어요. 1957년 만 19세의 나이로 고등고시 사법과에 최연소 수석 합격했으며, 1960년 최연소 판사로 임용되었어요. 이후 서울가정법원장, 대법관 등 요직을 거쳤어요. 특히, 지체장애인으로서 최초의 대법관이 되었어요. 1994년부터 2000년까지 제2대 헌법재판소장으로 재직했어요. 재임 중 사회적 논란이 있는 사안에 대해 소신 있는 결정을 내렸어요. 헌법재판소장 퇴임 후에도 다양한 사회 활동을 이어갔으며, 2012년 박근혜 대통령 후보의 선거대책위원회 공동위원장을 맡으며 정계에 입문했어요. 2013년에는 대통령직인수위원회 위원장을 역임했어요.

김경수(金敬洙)는 성균관 관장을 지낸 대한민국의 교육인이자 학자예요. 본관은 광산김씨(光山金氏)예요. 그는 1987년과 1991년 두 차례에 걸쳐 성균관 관장을 역임했어요. 성균관은 조선시대 최고 교육기관이었던 성균관을 계승한 유교 교육기관으로, 관장은 이곳의 최고 책임자를 의미해요. 법학을 전공했어요. 1947년 서울대학교

문리과대학 전임강사를 시작으로 강단에 섰어요. 고려대학교, 성균관대학교 교수를 거쳐 숙명여자대학교 총장과 성균관대학교 총장을 역임했어요. 특히 성균관대 총장 시절인 1981년, 독일 뮌헨대학교와 자매결연을 맺는 등 학술 교류에 힘썼어요. 1955년에는 초대 국회도서관장을 지냈고, 유네스코 한국위원회 사무총장과 민주 화합 추진위원회 위원 등 다양한 분야에서 활동했어요. 그의 호는 이석(以石)이에요. 2009년 노환으로 별세했어요.

김성수(金成洙)는 1930년생으로 대한성공회의 성직자이며, 사회적 약자를 위해 헌신한 인물이에요. 본관은 광산김씨(光山金氏)예요. 그의 세례명은 시몬(Simon)이에요. 그는 초대 성공회 한국관구장과 제2대 성공회 서울 교구장을 지냈으며, 제3, 4대 성공회대학교 총장을 역임했어요. 김성수 주교는 성공회 신자 집안에서 태어나 자랐어요. 젊은 시절 폐결핵 투병을 했으나 기적적으로 완치되어 신학의 길을 걷게 되었어요. 1964년 사제 서품을 받은 후, 저임금 노동자들의 비참한 삶을 목격하며 사회적 약자에 대해 관심을 두게 되었어요. 1974년에는 대한민국 최초의 지적장애인 특수학교인 성 베드로 학교의 교장으로 봉사하며 장애인 교육에 헌신했어요. 1984년 서울 교구장 주교로 서품되었고, 1993년에는 대주교로 승품되어 초대 성공회 한국관구장을 지냈어요. 은퇴 후 고향인 강화도에 선친께 물려받은 땅에 지적장애인 직업재활 공동체인 '우리마을'을 설립하고 '촌장'으로 봉사하고 있어요. 6.10 민주 항쟁 당시 민주화 운동에 연대하며 한국 성공회를 진보적으로 변화시키는 데 이바지했어요. 그의 사회봉사 공로를 인정받아 만해대상 평화 부문과 호암 사회봉사상 등을 수상했어요. 김성수 주교는 장애인과 소외된 이웃을 위한 평생의 헌신으로 존경받고 있으며, 그의 삶을 다룬 다큐멘터리 영화 '시몬 김성수-우리는 최고다'가 제작되기도 했어요.

김재중(金載中)은 1926년에 태어나 2016년에 별세한 대한민국의 공무원이자 천도교의 지도자예요. 본관은 광산김씨(光山金氏)예요. 호는 연암(淵庵)이며, 제20대 천도교 교령을 지냈어요. 그는 국무총리 기획조정실 이사관, 문화공보부 기획관리실장, 한국방송공사(KBS) 부사장 등 주요 공직을 역임했어요. 1948년 천도교에 입교한 후, 교단 내에서 천도교 유지재단 이사, 중앙총부 종무원장을 거쳤어요. 1994년부터 1998년까지 천도교 교령을 맡아 교단을 이끌었어요. 광산김씨의 후손인 그는 1982년에 '광산김씨구성파세보(光山金氏龜城派世譜)'를 편집, 발행하기도 했어요. 이 족보는 광산김씨의 구성파(龜城派)에 대한 계보를 담고 있어요. 2016년 90세의 나이로 별세했어요. 천도교에서는 '별세(別世)'를 '환원(還元)'이라고 불러요.

이 외에도 다양한 분야에서 광산김씨(光山金氏) 출신의 인물들이 많아요. 광산김씨는 특히 고려 시대에 학문과 정치로 유명하며, 조선시대에 예학(禮學)과 관련한 가문으로 유명해요. 근현대에는 언론, 교육, 정치, 경제, 예술, 종교, 독립운동, 연예계, 산업 등의 발전에 이바지한 인물이 많아요. 위에서 소개해 드린 분 이외에도 많은 광산김씨 인물이 각자의 분야에서 활발하게 활동하고 있어요. 소개해 드리지 못한 분들은 이 책에 기록되지 않았지만, 영원히 기억 속에 남을 영웅들이에요. 당신들의 헌신에 감사드려요.

참고문헌

- 경주김씨 족보(慶州金氏 族譜)
- 광산김씨 족보(光山金氏 族譜)
- 광산김씨 근대인물사(光山金氏 近代人物史, 月刊 光山뉴스사)
- 광산김씨중앙청년회 20년사(光山金氏中央靑年會 20年史, 역대회장)
- 『삼국유사』(三國遺事, 일연, 1281)
- 『삼국사기』(三國史記, 김부식, 1145)
- 나무위키
- 두산백과
- 『한국민족문화대백과사전』(한국정신문화연구원, 웅진, 1993)
- 『원문과 함께 읽는 삼국사기 1: 신라본기』(김부식 저 / 박장렬 등역, 한국인문고 전연구소, 2012)
- 『한 권으로 읽는 신라왕조실록』(박영규, 웅진지식하우스, 2004)
- 『소설 신라열전』(김동리, 청동거울, 2001)
- 『신라 왕실의 비밀』(김종성, 역사의아침, 2016)
- 『신라는 어떻게 살아남았는가』(이상훈, 푸른역사, 2015)
- 『신라왕조실록 1, 2, 3』(이희진, 살림출판사, 2017)
- 『쏭내관의 재미있는 한국사 기행』(송용진, 지식프레임, 2013)